M. BIENVENU-MARTIN

MINISTRE
de l'Instruction Publique, des Beaux-Arts et des Cultes

SA VISITE A AVRANCHES

Le Dimanche 1er Octobre

Réceptions. — Discours. — Visites. Hospice. — Passerelle. — Collège de Jeunes Filles. — Banquet. — Jardin des Plantes. — Concours agricole. — Ecole laïque de Filles. Caisse d'Epargne. — Centenaire de Valhubert. — Fête Foraine.

Avranches
IMPRIMERIE DU « NOUVELLISTE »
V. LETRÉGUILLY
DIRECTEUR-PROPRIÉTAIRE

1905

A NOS LECTEURS

Le Nouvelliste d'Avranches *a publié, dans son numéro du 7 Octobre, le compte-rendu des Fêtes du 1er Octobre, données à l'occasion de la Visite, à Avranches, de M. le Ministre de l'Instruction Publique, des Beaux-Arte et des Cultes.*

Malgré un tirage supplémentaire important, l'édition du **Nouvelliste** *a été rapidement épuisée.*

C'est pour donner satisfaction aux nombreuses demandes qui nous ont été faites, que cette petite brochure, qui renferme le compte-rendu publié par **Le Nouvelliste,** *a été éditée.*

V. LETRÉGUILLY,
Directeur-Propriétaire du NOUVELLISTE.

Avranches, 10 Octobre 1905.

M. BIENVENU-MARTIN

Ministre de l'Instruction Publique, des Beaux-Arts et des Cultes

A AVRANCHES

Malgré les racontars fantaisistes des journaux réactionnaires de la région et même de Paris ; malgré les erreurs volontaires ou involontaires de certaines agences, le Ministre de l'Instruction publique a tenu la promesse qu'il avait faite de venir, parmi nous, et l'accueil que la Ville d'Avranches lui a fait le 1er Octobre, a dépassé en décorations municipales et particulières, et en enthousiasme, tout ce que l'on avait vu jusqu'ici.

Les rues par lesquelles devait passer le cortège étaient garnies d'un double rang de sapins, de mâts, au haut desquels flottait le drapeau tricolore ; d'arbres garnis de fleurs ; de guirlandes, traversant les rues ou accrochées aux devantures des maisons. De plus, de nombreux arcs de triomphe, tous très joliment décorés, avaient été dressés : au Bourg-l'Evêque, avec cette inscription : *La Ville d'Avranches à ses hôtes ;* — à l'entrée de la rue Louis-Millet, en face de M. Poisnel, avec : *Vive la République* ; — rue Neuve-d'Office, avec : *Honneur aux Etrangers* et *Honneur au Ministre;* — à l'entrée de la rue de la Constitution, avec : *A Bienvenu-Martin, la ville d'Avranches* et *A la Gloire de Valhubert ;* — en face la maison, merveilleusement décorée, de M. Chevrel, *deux palmes d'or,* surmontées du ruban violet de l'Instruction publique, forment une élégante arcade du plus bel effet ; — sur la place Carnot, un portique décoré avec goût par le pinceau d'un jeune artiste avranchinais, élève de l'École des Beaux-Arts donne accès à une avenue décorée avec un goût exquis de guirlandes et de fanions multicolores, conduisant à la rue Belle-Etoile, dont l'ornementation ne laisse rien à désirer, etc,

Presque toutes les rues et places seraient à nommer pour leurs belles décorations. Au hasard de la plume, nous citerons les rues de la Constitution, Neuve-d'Office, des Courtils, Louis-Millet, Dame-Jeanne-des-Touches dont l'ornementation bien composée faisait passer les visiteurs sous une voûte de guirlandes et de fleurs, des Chapeliers, du Pot-d'Etain, Saint-Gervais, les places d'Estouteville et Angot, etc. Donnons une mention spéciale à Malloué, qui s'est surpassé. Au bas du Grand Tertre, sur la route, le coup d'œil est véritablement féerique. Les guirlandes qui traversent la route au-dessus de nos têtes sont du plus bel effet ; sur l'une des banderolles est inscrit : *Reconnaissance au Ministère !* et sur l'autre *Gloire à la France !*

Le programme de cette belle fête, très chargé cependant, a été exécuté de point en point et aux heures indiquées, car tout avait été prévu par la Sous-Préfecture et la Mairie ; chacun avait sa place désignée à l'avance ; grâce aussi à la sagesse de notre population qui, dédaignant les excitations d'une presse éhontée et malhonnête, a tenu par son attitude correcte, par ses manifestations enthousiastes sur le passsge du Ministre et dans toutes les occasions où elle s'est trouvée en contact avec lui, à protester énergiquement contre les sentiments hostiles à la République, à son Ministre et à l'œuvre de laïcisation, que lui prêtaient l'*Avranchin*, l'*Opinion de la Manche* et les *Croix* du département.

Disons aussi, que malgré les neuvaines faites, les prières adressées au Ciel par toutes les bigotes fanatisées, le Dieu qu'elles imploraient a fait sourde oreille à leurs gérémiades, en faisant, pour la circonstance luire son plus beau soleil et arrêter les cataractes dont le Ciel ne cessait de nous inonder depuis quelques jours, pendant toute la durée de la visite ministérielle,. car la pluie n'a commencé à tomber qu'à la fin de la cérémonie du *Centenaire de Valhubert*.

Nous ne sommes pas superstitieux et croyons peu à l'intervention divine dans la réglementation du temps, mais ceux qui croient à cette intervention ont dû sentir légèrement ébranlée la fermeté de leur foi, car c'est seulement lors de la glorification d'un héros de nos guerres que l'arrosage céleste a commencé et n'a guère cessé depuis.

Faut-il voire là que le Dieu des Armées, tant imploré par cléricaux et réactionnaires, soit, comme les républicains sincères, ennemi de ce fléau qui s'appelle la Guerre; devenu pacifique et qu'il tiendrait à mériter le nom de : Dieu de la Paix !

Nous en serions fort heureux .

Le service d'ordre, assuré par plusieurs brigades de gendarmerie à pied et à cheval, ainsi que par le Commissaire de Police d'Avranches et ses agents, a très bien fonctionné.

La garde d'honneur était constituée par les Sapeurs-Pompiers d'Avranches, des gendarmes à cheval et un escadron de dragons venu de Dinan.

Précédé et suivi de l'escorte de gendarmerie à cheval et des dragons, sabre au clair, le cortège était imposant, et, sur son passage, suscitait les applaudissements de la foule et des cris nombreux et répétés de : Vive la République ! Vive le Ministre ! Vive Chevrel !

En disant cela, nous n'exagérons rien, nous sommes, même, au-dessous de la vérité. Nous savons fort bien que les journaux réactionnaires, avec leur bonne foi habituelle, vont dénaturer les faits et dire que les fêtes d'Avranches ont été complètement ratées. Pour donner un exemple des entorses que ces journaux donnent à la vérité, nous citerons les lignes suivantes, empruntées à *La Dépêche de Cherbourg* du mercredi quatre octobre, sous la signature Louis Lenfant.

« Nous pensions qu'Avranches la Coquette, Avranches la Pimpante, se serait parée de ses plus beaux atours pour faire fête au Ministre. Nous nous attendions à rencontrer une population enthousiaste, débordante de joie. Au lieu de cela, nous avons trouvé une ville parfaitement calme, ignorante, semblait-il, de la visite ministérielle. Dans les rues, il y avait certainement moins de monde que les jours de grande foire, et bien rares étaient les maisons où flottaient quelques drapeaux. Tout ce qu'il y avait de verdure, de décorations, de lanternes vénitiennes avait été placé par les soins de la municipalité. Jamais population ne témoigna avec plus d'ensemble une telle indifférence. »

Après cela on peut tirer l'échelle !

Nous allons maintenant donner le fidèle compte-rendu des différentes fêtes ou cérémonies inscrites au programme :

Samedi 30 Septembre

LA KERMESSE — LA RETRAITE

A 2 heures de l'après-midi, commence, au Jardin de l'Evêché, la Fête foraine, organisée avec le grâcieux concours de Messieurs et de Dames de la localité.

A 3 heures, la musique de l'Ecole d'artillerie de Rennes, fait son entrée dans la Ville et, aux applaudissement d'une foule nombreuse, exécute dans le Jardin de l'Evêché un des morceaux de son répertoire.

A 9 heures, retraite aux flambeaux par la musique de Rennes et la musique municipale, précédées de nos vaillants petits tambours et clairons, qui font l'admiration de tous.

Sur le parcours de la retraite, à la lueur des torches et des feux de bengale, apparaîssent des guirlandes de fleurs et de feuillages insoupçonnées quelques heures avant, mais préparées en cachette, pour, au dernier moment, protester contre les articles de l'*Opinion* et de l'*Avranchin*; beaucoup de maisons particulières étaient illuminées et, sur le passage de la retraite, cris répétés de : Vive la République !

L'ARRIVÉE DU MINISTRE

A minuit 32, le train ministériel entre en gare. Le Ministre est accompagné de son chef de cabinet, directeur du personnel, M. Gauthier, de M. Arnaud, préfet de la Manche, de M. Rischmann, sous-préfet d'Avranches, qui a été au devant du Ministre jusqu'à Folligny; Borromée, secrétaire général de la Manche, Husson, chef du cabinet de M. le Préfet.

Le Ministre et les personnes qui l'accompagnent sont reçus sur le quai par M. Chevrel, maire d'Avranches. Malgré l'heure tardive... ou matinale (une heure du matin), plus de deux cents personnes sont massées aux abords de la gare et c'est aux cris de : *Vive la République ! Vive le Ministre ! Vive la Séparation ! A bas la calotte* ! qu'est saluée l'arrivée de M. Bienvenu-Martin, encore acclamé d'un cri formidable de : *Vive la République ! Vive le Ministre !* poussé par les nombreuses personnes sortant de la Kermesse, lorsqu'il passe devant la place Littré.

Dimanche 1er Octobre

LES RÉCEPTIONS

Il est exactement neuf heures lorsque les réceptions commencent à la Sous-Préfecture.

Le Ministre de l'Instruction publique, Mr Bienvenu-Martin, est entouré du Préfet de la Manche, de MM. Basire, Briens, Cabart-Danneville, sénateurs ; Riotteau, Dudouyt, Lemoigne, députés ; Gauthier, Directeur du personnel ; Zévort, recteur de l'Académie ; Rischmann, Sous-Préfet, Borromée, Secrétaire général de la Manche ; Husson. Chef du cabinet du Préfet; Peyre, attaché du cabinet du Ministre.

L'Archiprêtre s'était excusé et avait excusé le clergé de la ville de ne pouvoir assister à la réception.

C'est tout d'abord M. Legrin, président du Tribuual de 1re instance d'Avranches qui, accompagné de MM. Charvet, procureur de la République ; de la Broize, juge, et Masseran, juge suppléant chargé de l'instruction, assure M. le Ministre de son entier dévouement au Gouvernement de la République.

Puis ensuite, une délégation du Conseil général de la Manche, composée de MM. Tétrel, Baron, et des Sénateurs et Députés présents en faisant partie, qui est présentée par M. Morel, son président.

Après les compliments et les souhaits de bienvenue que lui adresse M. Morel, M. Bienvenu-Martin remercie et dit combien il est heureux de recevoir la visite d'une délégation d'un Département où il ne vient pas pour la première fois ; sa première visite remonte à une vingtaine d'années. Il dit combien il est heureux de revoir cet intéressant département dont il constate avec plaisir les sentiments républicains du Conseil général. Le choix qui a été fait de M. Morel comme Président en est une preuve, ajoute le Ministre.

La délégation du Conseil général est déjà sortie, lorsque M. Mauduit, conseiller général du canton d'Avranches, se présente; mais il est trop tard, il n'est pas reçu.

MM. Aubrée, Fleury, De Besne, Martin, Letourneur, Le Bourgeois, conseillers d'arrondissement, sont ensuite introduits.

M. Letourneur. président, retrace en quelques mots les fonctions modestes auxquelles sont appelés ses collègues et lui.

Il dit combien ils sont tous animés de sentiments républicains et combien leur tâche leur est facilitée par le concours dévoué qu'ils trouvent auprès de M. Rischmann, leur sympathique sous-préfet.
« Quant à moi, monsieur le Ministre, « permettez-moi de vous dire que je suis « heureux de saluer en vous un repré- « sentant du Gouvernement républicain, « un membre du cabinet qui a poursuivi « l'application des lois scolaires. qui a « réalisé la séparation des Eglises et de « l'Etat, en un mot qui accomplit des ré- « formes propres à un Gouvernement « nettement républicain. »

Le Ministre répond ; « Je suis très « touché de votre visite, dans laquelle « je vois un témoignage de sympathie à « l'égard du ministère actuel et d'adhé- « sion à la politique que nous suivons, « d'accord avec la majorité républicaine « des deux Chambres. Mais en démocra- « tie il n'y a pas d'attributions, si ré- « duites, si modestes soient-elles, qui ne « contribuent à la prospérité de notre « pays en même temps qu'à son bien- « être, et je suis heureux de vous en « féliciter au nom du Gouvernement ré- « publicain. »

On introduit aussitôt après le Maire de la ville d'Avranches, M. Chevrel, entouré de MM. Fenouillière et Beroul, adjoints; Malzard, Debon, Poisnel, Besnier, Cornille, Letréguilly, Lecaille, Langlois, Perrotte, Théault, C, Gautier, Laumonier, Desaintdenis, Brocherieux, Bourdon, German, Conseillers municipaux, et des chefs de services de la ville.

M. Chevrel s'exprime en ces termes :

Monsieur le Ministre,

Je suis heureux d'avoir à vous présenter le Conseil municipal de la Ville d'Avranches, les chefs et agents des divers services communaux, les membres de la Commission administrative de notre hôpital-hospice.

Tous ces Messieurs ont tenu à se joindre à moi pour venir saluer en votre personne le Gouvernement de la République qui nous est chère et vous offrir à vous-même l'hommage de notre profond respect.

En nous chargeant de l'administration de ses affaires, si la Ville d'Avranches nous a donné un témoignage de confiance dont nous sommes fiers, elle nous a par contre imposé une bien lourde charge que les entraves semées à plaisir sous nos pas, que les intrigues nouées autour de nous, que les injures et les calomnies dont nous abreuvent chaque semaine de bien honnêtes gens, ne sauraient contribuer à rendre agréable et facile.

Deux considérations jusqu'à ce jour — et en dépit de tout — nous ont soutenu : l'espoir de parvenir à faire quelque bien autour de nous, l'assurance de pouvoir, en toute circonstance, compter sur le bienveillant appui des pouvoirs publics.

Et certes, je manquerais à mon devoir si je ne rendais à ce point de vue toute justice aux deux honorables Préfets que nous avons connus à Saint-Lo depuis notre élection, M. Lem, et M. Marraud, si je ne remerciais M. Arnaud qui vient de nous arriver, de ses bonnes dispositions à notre endroit ; si je ne vous disais — au risque de blesser sa modestie — combien il est agréable de travailler avec un Sous-Préfet comme M. Rischmann, combien est facile avec lui cette entente cordiale de l'administration départementale et communale si nécessaire à tous les intérêts.

Mais à tous ces concours précieux il manquait un complément. Vous nous l'apportez aujourd'hui, Monsieur le Ministre. Votre présence ici, en effet, n'est pas seulement pour nous un grand honneur, elle est la confirmation des sympathies gouvernementales dont nous avons tant besoin pour achever notre œuvre ; elle nous est en même temps un puissant encouragement à continuer résolument dans la voie où nous sommes entrés, avec cette conviction intime, qu'en servant utilement les intérêts de notre Ville, nous servons également la cause de la République.

Croyez bien, Monsieur le Ministre, à notre plus fidèle dévouement et soyez remercié.

M. Bienyenu-Martin répond :

Je suis heureux de vous recevoir et de vous dire en même temps combien j'ai été heureux de venir m'associer aux diverses cérémonies qui doivent avoir lieu aujourd'hui et qui seront la consécration des œuvres entreprises par les membres de la Municipalité dans l'intérêt de la ville d'Avranches. Je sais que le Conseil municipal s'occupe avec un souci constant du bien-être matériel et moral des populations dont l'administration lui est confiée. Je n'en veux d'autre preuve que les améliorations que vous avez apportées dans l'organisation de vos services municipaux, qui vont être consacrés aujourd'hui par les fêtes qui s'y réunissent. Je sais aussi que le Conseil municipal est unanimement dévoué à la République, à la République non pas commune à un Gouvernement qui est une vaine formule, mais à un Gouvernement qui doit justifier la confiance que le pays a mise en lui par la recherche des progrès démocratiques, au profit des populations dont il a la garde.

Messieurs,

Votre maire, dont je connais d'ailleurs le dévouement aux choses publiques, faisait allusion, tout à l'heure, aux calomnies dont vous avez pu être l'objet dans l'accomplissement de votre mandat. Votre fermeté républicaine ne s'en est pas émue, j'en suis sûr ; on n'attaque que ceux qui font quelque chose, on ne calomnie que ceux qui ont entrepris une œuvre utile dont l'accomplissement dérange toujours certaines combinaisons, certaines espérances de partis, et les partis ne désarment pas !... Je vois que ces attaques ne vous empêchent pas de suivre la voie que vous vous êtes tracée : vous avez assumé une œuvre dont nous allons voir aujourd'hui quelques parties. Eh bien ! Messieurs, continuez ! Je suis sûr que la confiance de vos concitoyens vous sera maintenue : ils ont vu avec quel zèle vous aviez défendu leurs intérêts matériels et moraux. La population d'Avranches, au milieu de laquelle je pénètre pour la première fois, est une population républicaine ;

le choix qu'elle a fait de ses administrateurs en est une preuve évidente. La population de cette ville sait que vous travaillez pour elle et qu'en travaillant pour elle, vous travaillez en même temps pour la République.

Je me permets de joindre, par avance, mes félicitations et l'expression de mes sentiments de gratitude, au nom du Gouvernement républicain, pour les belles choses que vous avez entreprises.

L'Huissier introduit les membres du Tribunal de Commerce, MM. Dior, Allain, Hallais et Ollivier, greffier.

Je suis très touché de votre visite, leur dit M. le Ministre, et je vous adresse mes remerciements. Je ne connais pas la ville qui est le siège de votre Tribunal ; je sais qu'elle est un centre d'affaires tres important, de telle sorte que les fonctions dont vous êtes investis, et que vous tenez de la confiance de vos concitoyens, sont des fonctions très importantes et absorbantes : je suis heureux de vous en féliciter ; j'aurais été heureux de pouvoir aller à Granville, je sais que cette ville est un centre commercial très important et surtout un centre d'affaires particulières.

A ce moment M. Riotteau intervient et explique en quelques mots le genre d'opérations commerciales de cette ville, qui consiste surtout en grandes pêches.

Le Colonel du 2e d'infanterie est ensuite introduit ; il présente ses hommages au Ministre.

Le Ministre lui dit qu'il est touché de sa visite.

Je tiens à vous en remercier. Je sais que dans cette partie de la France, comme dans toutes les autres d'ailleurs, l'armée nationale, dans laquelle le pays a mis toute sa confiance, fait son devoir. Elle ne sépare pas le sentiment qu'elle a de ses obligations professionnelles du sentiment de l'amour profond qu'elle a pour la patrie.

Les membres de la Chambre de Commerce sont introduits.

M. Rossert, commandant de gendarmerie, en présentant M. Naudinat, capitaine et Trochon, lieutenant, fait l'éloge du corps qu'il représente. « Il « n'est pas superflu de dire, je crois, « que ce corps entier est animé du plus « pur loyalisme. Je tiens à vous affirmer, « ajoute-t-il, le respect que nous avons « de votre personne et du Gouvernement « de la République. »

Le Ministre répond :

Monsieur le Commandant,
Messieurs les Officiers,

Je vous remercie de votre visite et de vos déclarations ; je connais le dévouement de la gendarmerie ; je sais qu'elle remplit ses devoirs professionnels très absorbants, non seulement avec fermeté mais encore avec bienveillance.

M. le Préfet dit au Ministre combien il est heureux de la circonstance qu'il a de pouvoir attirer tout particulièrement son attention sur le commandant Rossert, qui a souvent donné des preuves de son dévouement.

M. Cassagneau, trésorier-payeur général, en présentant le receveur particulier et les percepteurs d'Avranches, dit qu'il est heureux de faire remarquer leur fidélité à la République et qu'ils remplissent avec dévouement leurs fonctions ; vous pouvez absolument compter sur eux, dit-il.

Le Ministre dit qu'il est heureux de leur visite.

Il constate avec plaisir les sentiments républicains qui animent le corps qui lui est présenté. Ce corps est en quelque sorte un rouage essentiel de notre organisation administrative ; l'accomplissement de sa tâche exige à la fois de l'exactitude et de la bienveillance.

On introduit ensuite le juge de paix et ses suppléants.

MM. Robert, ingénieur des Ponts et Chaussées, Lefébure, ingénieur à Granville, des Conducteurs des Ponts et Chaussées de l'arrondissement, sont présentés par M. Considère, Inspecteur général des Ponts et Chaussées. Le Ministre s'entretient assez longuement avec eux ; il parle de la formule Considère, qui est très célèbre et dont il va être fait une application dans la construction de la Passerelle sur la Sée ; il est longuement fait allusion aux bienfaits que répandent dans les contrées qu'ils desservent, les chemins de fer d'intérêt local.

C'est ensuite le Conseil d'administration des chemins de fer de la Manche, dont il va être parlé plus loin, qui est présenté au Ministre.

Le capitaine de dragons commandant l'escorte du Ministre, est présenté ; le Ministre se félicite de la bonne fortune qui lui procure le plaisir de le voir et de faire sa connaissance personnelle.

L'inspecteur des douanes est introduit.

Puis les agents-voyers de l'arrondissement que M. le Préfet présente au Ministre.

Je suis heureux, dit le Ministre, d'entendre de la bouche de Monsieur le Préfet, une appréciation aussi flatteuse de la manière dont vous remplissez vos fonctions ; je suis heureux de constater votre dévouement qui n'est pas sans mérite, car vos fonctions sont difficiles, surtout avec les réformes qui, de temps en temps, sont introduites dans l'administration vicinale.

Une longue conversation s'engage à ce moment entre le Ministre, le Président du Conseil général et le Préfet, au sujet des réformes apportées dans cette administration ; on parle longuement de centimes vicinaux et de centimes départementaux ; le Ministre cite des chiffres ; il rappelle qu'il fut rapporteur du service vicinal dans son arrondissement.

Le Sous-Directeur des Contributions indirectes présente au Ministre le personnel placé sous ses ordres. « Je puis « vous assurer, dit-il, qu'il est tout dé« voué à la République et au Gouverne« ment du jour. »

Le Ministre dit que c'est là le devoir de tous les fonctionnaires qui, en accomplissant avec régularité et zèle leurs fonctions, avec le souci de la chose publique, font aimer le Gouvernement qu'ils servent. « Je n'entends pas par là les « hommes qui représentent ce Gouver« nement, qui ne sont que des êtres éphé« mères, mais bien le Gouvernement de « la République. »

Puis viennent : le Sous-Inspecteur de l'Enregistrement, les Contrôleurs des Contributions directes et le Conservateur des Hypothèques.

M. Zevort, Recteur de l'Académie, s'exprime ainsi :

Monsieur le Ministre,

J'ai l'honneur de vous présenter M. l'Inspecteur d'Académie en résidence à Saint-Lo,

une délégation du Collège de Mortain, le personnel du Collège de garçons, le personnel des Cours secondaires de jeunes filles que vous allez transformer en Collège.

L'éloge de M. Déries n'est plus à faire ; comme écrivain, honoré des récompenses de l'Institut, et comme pédagogue, il figure au premier rang de ses collègues de l'Inspection. Huit écoles primaires supérieures de garçons ou de filles ont été, sous son administration, fondées dans ce département.

Le Collège d'Avranches, par ses succès constants, par le talent de ses maîtres, continue une prospérité qui date de l'Ecole secondaire si florissante sous la première République.

Je dirai tout à l'heure ailleurs ce que nous attendons du personnel du Collège de jeunes filles que nous allons inaugurer.

Monsieur le Ministre, depuis 21 ans que j'administre ce ressort, vous êtes le second ministre qui nous honore de sa visite et je crois bien que depuis la fondation de l'Université, c'est la première fois que nous recevons le Grand Maître ; c'est vous dire avec quelle joie nous l'accueillons et avec quelle respectueuse gratitude nous lui souhaitons la bienvenue.

Le Ministre répond :

Monsieur le Recteur,
Mesdames, Messieurs,

Je vous remercie d'être venus saluer le représentant du Gouvernement ; ma visite s'est produite peut-être un peu trop tôt, puisque les vacances n'étant pas encore terminées ; elle vous a fait revenir avant l'heure.

Je n'ai pas besoin de vous dire combien

je suis heureux de me trouver en présence de membres du corps enseignant. Depuis que je suis au ministère de l'Instruction publique, il ne s'est pas passé une journée qui n'ait fortifié en moi cette opinion, déjà ancienne, que le personnel de l'enseignement secondaire public était un personnel d'élite qui se recommande à la reconnaissance du pays par son zèle professionnel et par sa haute valeur morale.

Le Ministre fait alors allusion aux félicitations que M. le Recteur a, dans son discours, adressées à M. Déries, Inspecteur d'Académie ; ces félicitations, dit-il, sont méritées, d'ailleurs ; on peut ratifier à l'avance les appréciations qui sortent de la bouche de votre Recteur.

Il y a longtemps qu'il vous connaît, qu'il vous a vus à l'œuvre, et il peut porter sur vous un jugement sérieux autant qu'autorisé.

Il est en même temps un chef animé d'un profond sentiment de justice, de telle sorte que lorsque je l'entendais, tout à l'heure, faire l'éloge des professeurs du Collège d'Avranches et de vous aussi, Mesdames, je savais que c'était la vérité à laquelle M. Zévort rendait hommage.

Le département de la Manche peut être fier de ses établissements scolaires ; l'instruction qui y est donnée dénote chez tous ceux qui y professent, le souci constant de se rendre, de jour en jour, plus dignes de la confiance des populations et de l'estime du Gouvernement de la République et de leurs chefs.

Il m'est agréable d'ajouter mes félicitations à celles que vous adressait M. le Recteur ; soyez assuré que le Ministre, momentanément placé à votre tête, sera toujours heureux de vous témoigner, non seulement par

ses déclarations, mais par ses actes, tout le prix qu'il attache à vos services, et de vous donner des preuves de sa sollicitude.

On introduit le Commissaire de police, et le Commissaire de surveillance.

M. le Directeur des Postes du département de la Manche présente le Receveur, des Employés et des Facteurs du Bureau d'Avranches.

Je sais, dit le Ministre au Directeur, que votre personnel n'a pas beaucoup de loisirs, c'est un service très absorbant, mais vos réseaux téléphoniques sont très développés ; nous avons, dans l'Yonne, démocratisé le téléphone ; chaque année nous faisons un nouveau réseau.

— Nous aussi, dit M. Riotteau.

— Eh bien cela va très bien, dit le Ministre, nous nous congratulons réciproquement ; — l'assistance sourit.

Quelques facteurs exposent leurs doléances au ministre au cours d'une conversation qu'il engage avec eux et à laquelle prennent part également M. Riotteau et le Président du Conseil général.

Le Ministre est salué après par le gardien de la prison et l'aumônier.

Puis c'est l' « *Association Républicaine* » du canton d'Avranches qui est introduite.

Le président, M. Anfray, prononce les paroles suivantes :

Monsieur le Ministre,

L'*Association Républicaine du canton d'Avranches* voit, dans votre présence au milieu de nous, la plus haute marque de la bienveillante sollicitude du Gouvernement de la République à notre égard. Aussi nous n'aurons garde de l'oublier.

Nous ne pouvons vous offrir, en retour, que notre bonne volonté et notre dévouement ; mais nous vous les offrons de tout cœur, avec sincérité, avec désintéressement.

Si parfois nous sommes lents à nous décider, nous savons, en revanche, rester tenaces dans nos idées et fidèles à nos principes.

Aussi, Monsieur le Ministre, soyez assuré que vous pouvez compter sur nous pour suivre le Gouvernement dans la voie des réformes laïques et sociales, pour soutenir et défendre avec lui, partout et toujours, les intérêts de la République démocratique, qui sont ceux de la France.

M. Bienvenu-Martin répond :

Monsieur le Président,

Je vous suis très reconnaissant de votre visite. Je suis très touché de l'offre de concours que vous voulez bien m'adresser.

Le Gouvernement dont j'ai l'honneur de faire partie est un Gouvernement qui ne veut tirer sa force que de l'appui de la majorité républicaine des deux Chambres.

Nous sommes un Gouvernement de libre discussion ; de sorte que nous sommes toujours heureux de constater que la République à laquelle nous sommes attachés est aimée et respectée ; c'est dans ces témoignages de confiance que le Gouvernement dont j'ai l'honneur de faire partie, puise une nouvelle force pour continuer la tâche qu'il a assumée pour l'affermissement de la République et l'accomplissement des réformes démocratiques.

On introduit les Maires de l'arrondissement.

Le Préfet de la Manche les présente au Ministre.

Je suis heureux, dit-il, de vous donner l'assurance et de me porter garant de leur loyalisme républicain.

Le Ministre dit qu'il est heureux de recevoir en aussi grand nombre les maires de l'arrondissement d'Avranches ; d'apprendre de la bouche de M. le Préfet, qu'ils sont dévoués à la République et à leurs fonctions administratives. Le dévouement à la République fait partie des devoirs des autorités municipales. Le Gouvernement de la République, tel que nous le comprenons et que nous voulons le pratiquer n'est-il pas un Gouvernement de liberté, de solidarité et de justice, comme le disait si bien M. le Préfet de la Manche. J'ajoute que ce Gouvernement ne menace aucun intérêt légitime et qu'il a la prétention de servir mieux que tout autre les grands intérêts de la France.

On a parlé du soin avec lequel vous vous occupiez de tout ce qui touche à l'enseignement primaire. Je vous félicite de votre sollicitude pour ce grand service national. Avec le souci que nous devons avoir de maintenir intactes les forces défensives de notre pays, c'est l'intérêt de l'instruction publique qui doit dominer dans les préoccupations

du Gouvernement de la République et des administrations municipales. Un pays qui veut progresser doit développer l'instruction publique, car c'est d'elle qu'il tire sa principale force. J'étais dimanche dernier dans une petite commune du département de l'Aube pour une cérémonie d'inauguration. Je visitai naturellement les écoles et parmi les inscriptions qu'on avait placées à l'entrée figurait celle-ci écrite en gros caractères : *Après le pain, le premier besoin du peuple, c'est l'instruction.* Cette formule n'est pas neuve mais elle consacre une idée juste et dont tout le monde doit être aujourd'hui pénétré. L'instruction est le premier besoin du peuple, dans une société démocratique. Vous habitez un département très prospère par l'agriculture et qui puise le principal élément de sa richesse dans une exploitation du sol méthodique et bien comprise.

Eh bien ! les progrès considérables qu'il a su réaliser dans le domaine agricole depuis vingt ans sont dûs pour une part au labeur et à l'intelligence des cultivateurs mais pour une part plus large à la diffusion de l'instruction parmi les populations rurales.

Un pareil résultat n'eût pas été obtenu si le Gouvernement n'avait eu pour le seconder le concours des municipalités.

Ce que je dis de l'instruction, je pourrais le dire des autres services publics. Le Parlement a voté récemment une loi sur l'assistance obligatoire en faveur des vieillards et des infirmes, loi de solidarité, qui fait honneur aux deux Chambres. Pour appliquer cette loi nous aurons besoin de votre collaboration. Et, il en est ainsi de la plupart des mesures adoptées par le Parlement.

Le Ministre dit encore :

Nous votons des lois et de bonnes lois en plus grand nombre qu'on ne le croit ; nous travaillons et malgré des discussions parfois un peu vives, un peu violentes, il s'accomplit au Parlement de bonne besogne, qui tend à améliorer chaque jour le bien-être du peuple. Cette œuvre serait sans doute stérile si nous n'avions pas le concours vigilant et dévoué des municipalités. En nous accordant ce concours, Messieurs, vous contribuez à l'affermissement de nos institutions républicaines, qui sont la sauvegarde de toutes nos libertés, de tous nos intérêts, et vous contribuez en même temps au développement économique et à la pacification de notre chère patrie.

Les réceptions dans le salon de la Sous-Préfecture sont terminées ; tous les personnages officiels se rendent dans le jardin de la Sous-Préfecture, où a lieu la réception du corps enseignant, qui n'a pu, faute de place, être reçu dans le salon.

M. le Recteur prononce un très joli discours duquel nous extrayons les paroles suivantes :

M. l'Inspecteur primaire appartient à un corps où le dévouement ne se mesure pas. J'en dirai autant de nos Instituteurs et de nos Institutrices et j'ajouterai, sans croire pour cela faire leur éloge (on ne mérite pas d'éloge quand on ne fait que son devoir), qu'ils sont de bons citoyens, des républicains éprouvés et de vrais patriotes.

Tous ici, Monsieur le Ministre, vous sont reconnaissants d'avoir dérobé quelques

heures à la tâche que vous accomplissez avec une si noble dignité et puiseront dans votre présence une force nouvelle pour l'accomplissement de leur difficile devoir.

Réponse du Ministre :

Je vous suis profondément reconnaissant de votre démarche et je suis très touché de vous voir en aussi grand nombre venir saluer le représentant du Gouvernement de la République, qui a l'honneur d'être, en même temps, le Ministre de l'Instruction publique, c'est-à-dire le chef du grand service national auquel vous apportez votre collaboration éclairée et pleine de zèle.

Monsieur le Recteur a rendu hommage à votre dévouement professionnel ; c'est chose banale que de le constater quand le dévouement est devenu la vertu cemmune du corps enseignant. Il est inhérent, en quelque sorte, à la fonction, et ceux qui ne seraient pas dévonés ne pourraient continuer à la remplir.

J'en dirai autant de l'attachement à la République. On ne peut pas être un bon éducateur si l'on n'a pas l'âme républicaine ; d'ailleurs il y aurait de l'ingratitude pour le corps enseignant, à ne pas aimer la République, car c'est la République qui a rendu à l'école sa liberté et à l'instituteur, sa dignité. Elle s'efforce d'améliorer, de plus en plus, la situation matérielle et morale des maîtres.

M. le Recteur rendait hommage aussi à vos sentiments de patriotisme ; je me permets de joindre mes félicitations aux siennes et, comme lui je dirais que de même on ne peut pas concevoir un bon Instituteur qu ne serait pas républicain, je ne pourrais pas m'imaginer non plus un instituteur qui ne serait pas patriote. On a dit que certaines défaillances s'étaient produites dans vos rangs, que le sentiment du devoir patriotique s'était affaibli en vous et que vous suiviez les conseils de ceux qui nient cette idée de Patrie à laquelle nous sommes si passionnément attachés et qui prétendent qu'elle doit être reléguée parmi les erreurs du passé. On a fait tort au corps enseignant quand on l'a supposé capable de se laisser gagner par une pareille propagande.

Non ! le corps enseignant n'a pas cessé de comprendre parmi les devoirs les plus impérieux de ses fonctions, l'enseignement des obligations patriotiques. On est patriote, en France, mais il faut apprendre à l'être. C'est une idée qui paraît un peu surprenante ; eh bien, oui, il y a un enseignement du patriotisme.

Il faut apprendre aux enfants, et c'est ce que vous faites, que nous avons une Patrie à aimer ; même il faut leur apprendre aussi comment il faut l'aimer et la servir. Il faut leur dire que si elle avait besoin de leurs bras pour la défendre, ils les donneront sans hésiter. Mais ce n'est pas tout : notre patrie n'est pas seulement le sol qui est contenu dans les limites de nos frontières : c'est aussi un ensemble de souvenirs communs, de gloires, de tristesses et d'espérances. C'est en même temps un ensemble de principes et d'idées, de nobles causes pour lesquelles ceux qui nous ont précédés dans la vie ont lutté et ont souffert. Eh bien ! c'est ce patrimoine qui constitue aussi la patrie et nous devons le conserver et l'agrandir. Voilà ce qu'il faut enseigner aux générations nouvelles. Je suis heureux de voir que vous n'y manquez pas et de vous exprimer la reconnaissance du Gouvernement.

Tant que j'aurai l'honneur d'être à la tête du ministère de l'Instruction publique, je considérerai que mon premier souci est de développer et de fortifier notre enseignemet laïque, et, pour arriver à ce résultat, de perfectionner les programmes et d'améliorer le sort de ceux qui donnent leur temps et leur vie à l'instruction du peuple.

Messieurs et Mesdames, je vous remercie de votre visite, qui m'a permis de rendre hommage à votre mérite professionnel et à votre attachement à la République.

M. le Ministre remet ensuite les palmes académiques à Mlle Le Chevallier, directrice de l'Ecole de Villedieu.

Les réceptions officielles ont pris fin. Les landaux s'avancent à la hauteur de la grille de la Sous-Préfecture ; le Ministre et les personnes faisant partie du cortège montent successivement dans les voitures qui leur sont destinées ; un peloton de gendarmerie à cheval et un peloton de dragons ouvrent la marche, et c'est au trot des chevaux que le cortège se rend à

L'HOSPICE

Une foule des plus compacte acclame le Ministre, qui est reçu dans l'établissement par les Administrateurs, l'Econome, la Supérieure et les Médecins.

Un bouquet est offert à M. Bienvenu-Martin par deux vieillards, pensionnaires de l'établissement : M. Dutheil et

Mme Zara. Le Ministre remercie, et, précédé du chirurgien, le cortège traverse une salle dans laquelle est couchée une jeune malade, opérée depuis quelques jours de l'appendicite.

Espérons que ces nombreuses visites et le courant d'air qui s'est établi dans la chambre de l'opérée, aura pour résultat un prompt rétablissement.

Pendant que la musique de l'Ecole d'Artillerie, qui a salué l'arrivée du Ministre de *La Marseillaise*, exécute plusieurs morceaux, les invités remontent en voiture et se dirigent vers

LA PASSERELLE

Monsieur le Ministre est arrivé sur les chantiers de la Société des Chemins de fer de la Manche aux fins de poser la première frette du Pont-Viaduc, sur *La Sée*, à 11 heures ; il est reçu dans une tribune, aménagée en son honneur, par le Président du Conseil d'Administration et ses Collègues.

Monsieur Considère, Inspecteur général des Ponts et Chaussées, auteur du projet du Pont-Viaduc, résume à M. Bienvenu-Martin et à son entourage, sur un plan à grande échelle, exposé à leur intention, les caractéristiques de son éminente découverte dont la première application sera faite par la Société des Chemins de fer de la Manche.

Le Président du Conseil d'Administration remercie M. le Ministre de sa bienveillante attention, par l'allocution qui suit :

Monsieur le Ministre,

La Société des Chemins de fer de la Manche vous remercie d'avoir bien voulu témoigner, par votre visite, l'intérêt que porte le Gourvernement, tant à l'œuvre considérable d'intérêt public dont elle a assumé l'exécution qu'à la construction de l'ouvrage d'art qui mettra en pratique les inventions récentes du savant Ingénieur, M. Considère.

L'œuvre à laquelle vous allez mettre la première main, Monsieur le Ministre, marquera une révolution profonde et féconde dans l'art des constructions métalliques.

La ville d'Avranches, superbement assise sur son socle de granit couronné de verdure, au milieu des sites enchanteurs qui l'entourent, n'a pas voulu rester à l'écart des grandes artères, en dehors desquelles il n'est plus de Commerce ni d'Insdustrie.

Deux lignes de chemins de fer la rattacheront bientôt : l'une à Granville en parcourant les panoramas merveilleux qu'offrent Genêts, St-Jean-le-Thomas, Carolles, Jullouville et St-Pair, l'autre à Sourdeval par l'admirable et pittoresque vallée de la Sée que si peu de Français connaissent, mais que nos voisins d'Angleterre ne cessent de venir admirer.

La Sée, cette fée bienfaisante du pays, ne se borne pas à en féconder les prés et les vergers ; elle offre encore à tous ceux qui voudront en profiter des forces motrices économiques faciles à mettre en œuvre.

La difficulté des transports de marchandises n'a encore permis qu'à Sourdeval d'utiliser ces forces, parce que le Chemin de fer de l'Ouest y passe, mais notre ligne pourra porter les matières premières aux usines qui s'établiront sur le cours de la Sée ; elle exportera leurs produits fabriqués.

Le renchérissement de la main-d'œuvre fait que l'essor de l'Industrie est lié à l'utilisation rationnelle des forces motrices naturelles et économiques.

Les laborieuses populations de la Manche pourront ainsi, comme l'ont fait celles de la Seine-Inférieure, joindre à leurs richesses agricoles celles que leur procurera l'industrie.

Un raccordement électrique gravissant le plateau d'Avranches achèvera de rattacher la ville aux merveilleuses régions environnantes.

Toutes les dispositons sont prises pour que les travaux soient poussés avec la plus grande activité. Leur rapide exécution ne dépend plus que des propriétaires des terrains que la ligne devra traverser, et nous avons la confiance que, pour obtenir ce résultat, ils s'inspireront des intérêts du pays et de l'esprit d'équité qui nous anime. Nos efforts communs pourraient peut-être ainsi arriver à mettre en exploitation, en 1906, le chemin de fer d'Avranches à Granville.

Il ne dépendra pas de nous, Monsieur le Ministre, que ce programme ne soit pas réalisé, et nous espérons qu'alors vous voudrez bien revenir pour représenter de nouveau le Ministère dont vous faites partie, afin d'inaugurer cett fois l'exploitation du chemin de fer qui mettra définitivement en valeur toutes les richesses de ce beau pays.

M. Bienvenu-Martin, avec l'extrême bienveillance qui le caractérise, répond :

Je suis très honoré de me trouver durant mon court séjour à Avranches, associé à une œuvre aussi utile que celle-ci. Ce matin, en recevant la délégation du Conseil général de la Manche, je rendais justice aux efforts faits par cette Assemblée départementale pour développer l'essor économique de cette belle région. L'entreprise que nous allons inaugurer en est une preuve, car elle a pour but de mettre à la disposition des industriels et des cultivateurs, un moyen de transport qui leur fait défaut. Les chemins de fer d'intérêt local comme celui que vous allez construire, sont destinés à devenir un des facteurs les plus puissants de la prospérité de notre pays.

Monsieur le Président, vous parliez tout à l'heure des beautés de cette région ; je viens à peine d'y entrer et déjà je suis captivé par le charme qu'elle présente et par le caractère grandiose du panorama qui se déroule devant moi. Votre nouveau chemin de fer attirera les visiteurs en même temps qu'il permettra aux agricuteurs et aux industriels de mieux exploiter les richesses de votre sol.

Le Ministre fait allusion aux industries locales, notamment à l'art avec lequel on travaille le cuivre.

Dans cette région, vous avez quelques centres industriels qui ont une originalité toute particulière que beaucoup envieraient. Le chemin de fer que vous allez construire donnera un stimulant à ces industries et, en favorisant leur développement, il contri-

buera à la prospérité de ce très beau département.

A ce moment, on remet au Ministre deux magnifiques vases en cuivre.

Le Ministre ajoute encore ces quelques mots :

Vous avez parlé de l'inauguration du Chemin de fer ; quelque rapidité que vous mettiez dans sa construction, il est probable que les honneurs ministériels seront passés dans d'autres mains quand il sera terminé ; mais je reviendrai comme touriste, car j'ai contracté envers la population avranchinaise, qui m'a fait un accueil si cordial, une dette de reconnaissance que je serai heureux d'acquitter.

La Société des Chemins de fer de la Manche était représentée par M. le Comte de Ségur ; Lameigna, Président du Conseil d'Admin stration ; M. Doniol, Inspecteur général des Ponts et Chaussées en retraite, membre du Conseil supérieur de l'Ordre de la Légion d'Honneur ; M. Léon Cassel, banquier de la Société, de la puissante maison Cassel et Cie de Bruxelles ; M. Le Beuf, Administrateur délégué.

La musique de Saint-Malo a fort gracieusement prêté son concours, et une coupe de champagne arrosa la première frette.

A TRAVERS LA VILLE

Après la cérémonie de la Passerelle, le cortège reprend sa route et fait son entrée en Ville, parcourant la rue de la

Constitution sous ses nombreux arcs de triomphe, ses guirlandes de fleurs, de feuillages qui resplendissent sous le soleil ; c'est une véritable marche triomphale. De la foule immense massée sur les trottoirs, sur les balcons, aux fenêtres, à l'exception de quelques rares maisons, ne cessent de jaillir les acclamations de : *Vive la République ! Vive le Ministre ! Vive Chevrel !* et même aussi de *Vive la Presse !* au passage des voitures dans lesquelles ont pris place une vingtaine de représentants de la presse départementale et de l'*Agence Fournier*.

AU COLLÈGE DE JEUNES FILLES

Après avoir traversé la place Carnot, très artistement décorée, le cortège pénètre dans le Collège de jeunes filles, où il est accueilli par *La Marseillaise*, exécutée par la musique de Saint-Malo. Les locaux, parfaitement aménagés, sont visités par le Ministre, accompagné de M. Chevrel, maire, et de plusieurs personnes.

Dans la cour de l'établissement, M. Zevort, recteur d'Académie, prononce ce discours :

Monsieur le Ministre,

Je lutte depuis plus de 20 ans, avec l'énergique appui de l'administration centrale, d'accord avec l'administration préfectorale et l'inspection académique, pour la transformation en collège de jeunes filles des cours secondaires de Cherbourg. Mais nous n'aurions jamais pensé, ni vous non plus, j'en suis sûr, Monsieur le Ministre, nous n'aurions jamais espéré, dans nos rêves les plus optimistes que la création du collège de jeune filles d'Avranches dût précéder celle du collège de Cherbourg. Ce miracle s'est pourtant réalisé.

La ville d'Avranches est rentrée en possession d'un très important immeuble occupé pendant cent ans par les religieuses ursulines. La cessation de leur bail coïncide avec l'application de la loi, à laquelle j'ai le droit de donner le nom respecté et glorieux de Waldek-Rousseau, et dès lors les événements se précipitent : En octobre 1904 s'ouvrent les cours secondaires ; ils fonctionnent avec un très faible effectif, mi-partie dans l'immeuble nouveau, mi-partie dans les classes primaires du collège de garçons ; au mois de janvier 1905, ils sont transférés ici ; au mois de juillet dernier, un arrêté portant votre nom, Monsieur le Ministre, les transforme en collège et, à partir d'aujourd'hui, ce collège, inauguré par vous, existe en fait et en droit.

Ses débuts seront peut-être difficiles. L'important, c'est qu'il existe, c'est que l'Etat possède dans cette région un établissement imprégné de l'esprit universitaire, où, tout en respectant scrupuleusement les croyances individuelles, l'on formera des jeunes filles à l'esprit éclairé, qui seront toujours, si elles profitent des leçons qu'elles recevront ici d'une directrice distinguée, de maîtresses d'élite, les plus dévouées des compagnes pour leurs maris ; pour leurs fils, les guides les plus tendres et les plus sûrs ; et pour la patrie, pour la patrie qui pense, pour la patrie qui combat, pour la patrie qui se défend, s'il en est besoin, qui seront la ressource suprême, puisque les fils seront animés des sentiments que leurs mères auront puisés ici, puisqu'ils auront, avec plus d'ouverture d'esprit, une plus haute conception de la vie sociale et du devoir civique.

C'est parce que nous pensons à l'avenir que nous célébrons comme une victoire la fondation d'un nouveau collège de jeunes filles, et toute notre reconnaissance est acquise aux assemblées qui comprennent l'importance de ces fondations. Permettez-moi de vous devancer, Monsieur le Ministre, dans l'expression de cette reconnaissance au Conseil municipal d'Avranches et d'ajouter, sans faire tort à personne, qu'une bonne part de cette reconnaissance est due au Président de ce Conseil, à un universitaire, à mon ancien collaborateur de l'inspection académique du Calvados, à Monsieur l'Inspecteur général Chevrel. Il a conçu le projet : il l'a réalisé avec le concours empressé de ses collègues, dans son pays d'origine, dans la ville natale de Challemel-Lacour, dans cette Normandie dont il a la ténacité et l'habileté de bon aloi. Il est juste qu'il soit à l'honneur, après avoir été à la peine ; il est juste que votre présence consacre ses efforts enfin couronnés de succès et que la voix autorisée du Ministre de l'Instruction publique lui apporte les félicitations et les remerciements de l'Université et de la République.

Monsieur Bienvenu-Martin répond :

Messieurs,

Je ne suis pas surpris que la ville d'Avranches ait précédé d'autres villes de ce département où des créations du même genre étaient peut-être plus vivement attendues ; la ville d'Avranches avait le bonheur d'avoir un Conseil municipal qui était unanime à vouloir développer dans cette ville l'enseignement secondaire des jeunes filles ; le Conseil municipal avait aussi cette bonne fortune d'avoir pour président un universitaire qui devait placer avant toute autre préoccupation une transformation que l'intérêt de l'instruction rendait absolument urgente.

Ce n'est pas que M. Chevrel, votre maire, ait négligé les autres besoins de la population qu'il administre. Mais l'ensemble des améliorations considérables qu'il a entreprises et qu'il a conduites à bonne fin avec la collaboration soutenue de ses collègues du Conseil municipal, ce qui me touche le plus, ai-je besoin de le dire, c'est la création d'un Collège de jeunes filles. Le cours secondaire que vous possédiez rendait des services, mais cette institution est incomplète. Elle ne répond qu'insuffisamment au but que s'est assigné le Ministère de l'Instruction publique quand il a fondé l'enseignement secondaire des jeunes filles. Cet enseignement ne donne tous ses fruits que s'il est organisé dans des établissements pourvus de tous leurs organes et assurés de la stabilité nécessaire.

Vous disiez tout à l'heure, Monsieur le Recteur, que cette transformation s'était accomplie dans des circonstances un peu difficiles; c'est là le sort de presque toutes les réformes et surtout des meilleures : celles qui doivent donner les résultats les plus durables, sont précisément celles qui ont eu les plus laborieux enfantements. Une œuvre comme celle-ci, au lieu de rencontrer, comme cela devrait être, surtout sur une terre républicaine, comme l'est celle de la France, l'adhésion de toutes les bonnes volontés se heurte souvent à l'indifférence, à l'hostilité, parfois même à la calomnie.

On a beaucoup médit de l'enseignement secondaire des jeunes filles ; on a prétendu qu'il allait faire des jeunes filles de France, si charmantes et si gracieuses, des pédantes sèches et prétentieuses ; qu'il allait les détourner des devoirs qui les attendent dans la vie. Eh bien, cet enseignement existe depuis un quart de siècle : on peut voir ce qu'il a donné. La confiance des familles est venue et, avec la confiance, l'estime, le respect et la reconnaissance pour cet admirable personnel des Collèges et Lycées de jeunes filles, qui n'a marchandé ni son temps ni sa fatigue pour la réussite d'une œuvre à laquelle l'avenir de notre pays était si intimement lié.

Oui, nous avons eu le bonheur inappréciable d'avoir, pour faire accepter et réussir dans ces contrées l'enseignement laïque des jeunes filles, des dévouements aussi nombreux que compétents ; à côté de ce corps universitaire qui enseigne dans les Collèges et Lycées de garçons, on a su créer, en quelques années, un personnel de maitresses qui ne lui est pas inférieur et qui a su comprendre ce que devait être l'enseignement secondaire des jeunes filles, qui a une importance égale à l'enseignement des garçons, mais qui doit s'en distinguer parce qu'il s'adresse à des catégories d'élèves qui ayant, non pas une intelligence inférieure, mais des devoirs différents à remplir dans la vie, doivent avoir une préparation différente. Partout cet enseignement des jeunes filles est aimé et apprécié et l'on peut dire qu'il fait le plus grand honneur à notre troisième République, qui a eu le mérite de le créer et en même temps au personnel enseignant qui s'est montré à la hauteur de sa tâche. Je suis heureux, une fois de plus, d'avoir l'occasion de lui adresser les remerciements reconnaissants du Gouvernement de la République. Vous avez, Monsieur le Recteur, admirablement caractérisé ce que devait être cet enseignement et le but que poursuivait la République en le fondant.

Le Ministre dit que la femme ne doit pas rester étrangère aux préoccupations politiques de son mari ; il faut que celui-ci trouve dans son foyer une compagne d'esprit, comme disait Legouvé.

Il ajoute :

Les croyances nous les respectons parce qu'elles sont le résultat de la faculté la plus noble de l'âme humaine ; mais tout en respectant les consciences, nous voulons que l'enseignement soit animé d'un esprit qui rapproche et non pas qui divise. Nous voulons que l'enseignement concoure à l'œuvre nécessaire de l'unification morale de notre pays. Nous pouvons dire avec une légitime fierté que tout ce que nous attendions de l'enseignement laïque des jeunes filles, nous l'avons eu et même au-delà de nos espérances.

Je me permets d'en rendre ici publiquement hommage à tous ceux qui ont le mérite de le donner. Je félicite également le Conseil municipal d'Avranches de tout ce qu'il a fait en faveur de cet enseignement, et j'exprime mes sentiments de reconnaissance envers le chef éminent de l'Académie qui l'a secondé et envers le personnel placé sous sa direction.

Les paroles du Ministre sont vivement applaudies. Puis l'on se rend au

BANQUET

L'on pénètre dans cette salle (ancienne chapelle désaffectée des Ursulines) qui a suscité de la part des journaux réactionnaires d'Avranches, de Granville, du département, de Paris, etc., des articles si injustes, si violents, si grossiers même, qu'ils ont provoqué la réprobation et le dégoût, non-seulement des républicains, mais aussi d'adversaires honnêtes de M. Chevrel et de la municipalité républicaine de la Ville d'Avranches.

En raison des articles de l'*Avranchin* et de *l'Opinion de la Manche*, des menaces faites et du boycottage organisé par les réactionnaires-cléricaux, la Municipalité n'a pu trouver de maître d'hôtel ni de serveurs à Avranches ; elle avait été obligée de s'adresser à un restaurateur de Rennes, qui s'est acquitté à merveille de la tâche qu'il avait acceptée. Le service ne laissait rien à désirer, et le menu, dont voici le détail, était délicieux :

Bar de l'Océan à la Moscovite — Filet de bœuf à la Provençale — Gigot de Pré-Salé — Salade — Pâté de lièvre en croûte — Parfait praliné — Fruits — Gâteaux — Vins blanc et rouge — Moulin-à-Vent — Champagne — Café National.

La salle du banquet était décorée avec goût de guirlandes, de feuillage, de faisceaux de drapeaux tricolores, d'écussons aux armes de la République et d'un tableau qui longtemps a été placé à l'école communale de garçons.

Les tables étaient ornées de feuillage et de bouquets de fleurs ; en face de chaque convive, dont le nombre dépassait

300, était placé un menu, artistiquement dessiné ; les invités de la Municipalité ; les Conseillers municipaux, les Membres de la Presse, ont de plus reçu de la part de la *Compagnie des Chemins de fer de la Manche*, un petit livret, dont la couverture est ornée de très jolis dessins à la plume, représentant le pont-viaduc en béton armé et fretté, et les détails de la construction ; cette élégante couverture renfermait une notice sur le béton fretté et des renseignements techniques sur le pont-viaduc d'Avranches.

A la table d'honneur avaient pris place M. Bienvenu-Martin, ayant à sa droite M. Chevrel maire d'Avranches et à sa gauche M. Arnaud, prétet de la Manche, MM. Basire, Cabart-Danneville, sénateurs, Briens, Riotteau, Dudouyt, Lemoigne, députés, Morel, directeur du Crédit Foncier, Gautier, chef de cabinet du Ministre, Borromée, secrétaire général de la Préfecture, Zévort, recteur de l'Académie de Caen, Rischmann, sous-préfet, Barreau, chef de Cabinet du Ministre des finances, Cassagneau, trésorier-payeur de la Manche, Letourneur, président du Conseil d'arrondissement, Reveilhac, colonel du 2e de ligne, Rossert, commandant, Naudinat, capitaine, Trochon, lieutenant de gendarmerie, le capitaine et deux lieutenants du 24e dragons, commandant l'escorte d'honneur, le chef de la Musique de l'école d'artillerie de Rennes,

Husson, chef de Cabinet du Préfet, Tétrel, maire de Villedieu, Fontaine, maire de la Haye-Pesnel, Considère, Inspecteur général des ponts et chaussées, Robert, ingénieur en chef, Lefébure, ingénieur, le Conseil d'administration des Chemins de fer de la Manche, Prévost, directeur de la Compagnie, presque tous les Conseillers municipaux d'Avranches, etc., etc.

Parmi les convives, un grand nombre de Conseillers généraux et d'arrondissement, de Maires, de Fonctionnaires, de Professeurs, d'Instituteurs, de Conseillers municipaux venus de tous les points de l'arrondissement et du Département et aussi, nous l'avons remarqué avec plaisir, de beaucoup d'habitants et de commerçants de la Ville.

LES DISCOURS

C'est M. le Préfet de la Manche qui en ouvre la série :

Messieurs,

C'est un honneur pour moi que de vous convier, messieurs, à boire et à porter la santé de M. le Président de la République, au moment où M. Loubet, qui a si dignement rempli son septennat, arrive à la fin de son mandat. Nous honorons, en effet, en lui, l'homme simple et bon qui, pendant ces sept dernières années, a maintenu la situation de la France à la hauteur ou ses destinées l'ont conduite. M. Loubet était conforme à la dignité de la République française et dans les questions intérieures il a toujours su prêcher les idées d'union et de concorde. C'est dans ces sentiments que je vous demande de porter sa santé.

Dans quelques semaines, une délégation représentant quatre millions de mutualistes va lui être présentée, qui, en lui apportant ses hommages, lui dira qu'il emporte avec lui le respect et l'estime de ces quatre millions d'hommes, de ces quatre millions de Français. C'est une magnifique journée qui se prépare pour lui. Je vous demande de porter la santé de M. Loubet avec tout le respect et l'amour que nous lui devons.

Les paroles du Préfet sont saluées d'applaudissements et de cris de : *Vive la République !*

M. Chevrel, maire d'Avranches, se lève : une manifestation grandiose se produit à ce moment ; un enthousiasme indescriptible s'empare des convives ; les bravos, les cris répétés de *Vive Chevrel* retentissent dans la salle. Pendant quelques minutes, les cris de : *Vive le Maire ! Vive Chevrel !* ne cessent de retentir, alors que les applaudissements roulent comme un tonnerre sous la voûte de la salle.

Cette manifestation spontanée a été la meilleure réponse aux attaques ignobles publiées par l'*Avranchin* et l'*Opinion de la Manche*.

Le silence se rétablit cependant et M. Chevrel prononce le discours ci-dessous :

DISCOURS DE M. CHEVREL

Monsieur le Ministre,

Au nom des habitants de la ville d'Avranches, je vous remercie du fond du cœur du grand honneur que vous avez daigné nous faire en venant présider à nos fêtes d'aujourd'hui.

Les Avranchinais ont le culte du souvenir : c'est vous dire, Monsieur le Ministre, combien ils garderont dans leur esprit la trace ineffaçable de votre passage parmi nous. Les annales de la cité rediront plus tard à ceux qui nous succéderont, qu'un Ministre de la République, faisant trève à ses multiples occupations, n'a pas reculé devant les fatigues d'un assez long voyage, pour venir apporter à des populations dévouées à la Démocratie, un témoignage de sa bienveillante sollicitude.

Mes remerciements vont aussi à tous les invités, Sénateurs, Députés, Conseillers généraux, Conseilers d'arrondissement, Membres du Conseil d'administration des Chemins de fer de la Manche, Maires, Représentants des administrations civiles, Représentants de l'armée, qui ont répondu à notre appel, à tous ceux qui n'ont pas craint de venir s'asseoir à ce banquet et nous donner ainsi une preuve de leur sympathie républicaine.

Je salue enfin bien haut tous ces braves habitants d'Avranches, hommes et femmes, ouvriers et commerçants, cultivateurs et rentiers, en un mot, tous ceux qui, à un titre quelconque, par leur concours dévoué, ont contribué au succès de cette journée, et dédaignant toutes les attaques, toutes les intrigues, ont voulu nous aider à rendre plus accueillante celle que tout le monde connaît sous le nom d'*Avranches la Pimpante* et cela pour faire plus grande fête à un ministre républicain.

Nos adversaires, les vaincus de l'an dernier, ont cru trouver là occasion de prendre leur revanche et se sont érigés en insulteurs publics. Ils nous ont accusé de profanation parce que nous avons installé ce banquet, qui ne pouvait se tenir ailleurs, vu le grand nombre de convives, dans cette salle de Musée, ancienne chapelle désaffectée : ils n'ont pas compris que si profanation il y a, ils ont été les premiers à la commettre en transformant l'année dernière en dortoir de jeunes filles la chapelle des Frères. Et l'on a vu certains d'entre-eux, aller de porte en porte, comme des êtres malfaisants, calomnier, menacer, boycotter même ceux qui, forcés de gagner leur vie, doivent compter, hélas ! avec une clientèle qui, avant d'acheter, veut savoir l'opinion de ceux qui la servent... Et ce sont ces gens-là qui, chaque jour, nous parlent de tolérance et de liberté ! Heureusement que leurs passions et violences n'ont rien pu contre le bon sens et l'esprit républicain de nos concitoyens. L'enthousiasme avec lequel vous avez été accueilli, monsieur le Ministre, doit vous être une preuve évidente que le succès complet des républicains aux élections municipales a été un acte mûrement réfléchi. Enfants du peuple pour la plupart, nous sommes profondément attachés aux institutions qui nous régissent, à ce Gouvernement tutélaire des intérêts et des droits de tous. Notre idéal politique consiste à vouloir chaque jour la France plus forte et plus honorée, à vouloir la République avec toutes ses conséquences économiques et sociales : bonne et humaine, tolérante et juste, RÉPUBLICAINE et DÉMOCRATIQUE...

Et j'insiste sur ces mots, Messieurs, car nous assistons à ce fait incroyable que, pour un peu, ce serait, nous, les républicains, qui serions devenus les sectaires et les intolérants...

Oui, intolérants, sans doute parce que nous voulons que la loi qui est une, soit respectée ?

Sectaires, parce que nous permettons à autrui de penser autrement que nous...

Les mots auraient-ils donc définitivement perdu leur vraie signification ?

Non, Messieurs.

Messieurs,

Les adversaires que nous avons devant nous n'ont pas changé ; ce sont bien toujours les mêmes, anciens partisans de l'ordre moral d'abord, et puis du boulangisme et plus près de nous, du nationalisme. Tapageurs et bruyants, toujours et le plus souvent malhonnêtes, ils n'ont qu'un seul but — et tous les moyens leur sont bons : renverser la République ; ils n'y parviendront pas.

Monsieur le Ministre,

La République a beaucoup fait pour la ville d'Avranches en ces trois dernières années ; mais notre œuvre n'est pas achevée ; il nous reste beaucoup à lui demander encore.

Vous avez vu ce matin notre Hopital-Hospice. Des travaux importants s'y exécutent. L'établissement sera l'an prochain installé dans les meilleures conditions d'hygiène. Nous voudrions qu'en même temps l'ordinaire de nos hospitalisés pût être amélioré. Et la chose est possible. Un généreux bienfaiteur nous en a, en mourant, laissé les moyens... Mais la liquidation de l'affaire menace de traîner en longueur. Je suis l'interprète de nos malheureux en vous priant de prendre en main la cause de leurs intérêts, qui est celle de leur existence même.

Une grave question s'impose à notre attention et nous préoccupe fort l'adduction d'eau potable et en quantité suffisante sur le haut de notre rocher. Nous aurons, le moment venu et forts de la loi, à solliciter le secours du pari-mutuel. Autorisez-nous à penser que votre précieuse intervention ne nous fera pas défaut.

Grand-Maître de l'Université, vous êtes aussi celui des Beaux-Arts. Or, Avranches possédait un superbe Musée qu'un incendie terrible a détruit il y a quelques années. Nous avons résolu de le reconstituer et de l'installer dans cette salle, séduisante annexe de notre Jardin botanique que vous apprécierez tout à l'heure. Mais ess grands murs sont bien nus ; ils réclament des tableaux et nous croyons savoir qu'il serait peut-être possible de trouver dans les greniers du Louvre ou ailleurs des toiles qui ne demandent qu'à être mises en lumière et qui le méritent.

Monsieur le Ministre, pensez à nous. Vous ferez des heureux.

Vous êtes ici, monsieur le Ministre, en plein pays d'élevage et de culture. N'estimez-vous pas qu'une chaire de professeur d'agriculture serait bien utile dans cet arrondissement si important? La question, d'ailleurs, est réglée en principe. La Ville a voté à ce sujet les sacrifices qu'on lui a demandés. J'ajoute qu'une Ecole d'Agriculture trouverait également sa place dans les bâtiments dont nous disposons et nous avons les terrains d'expérience nécessaires.

Daignez appeler sur nous, monsieur le Ministre, la bienveillante attention de votre Collègue.

Enfin nos cultivateurs seraient très satisfaits — je touche ici un point délicat — que l'on revînt aux anciens errements en ce qui concerne les bouilleurs de cru. Producteurs de pommes, ils désireraient pouvoir à leur gré disposer de leurs produits. Sans doute M. le Ministre des finances, M. Merlou, par une réglementation plus large, a déjà proposé d'apporter à la loi une amélioration sensible. Mais sera-ce suffisant? Représentant d'un département vignoble, vous connaissez à fond nos besoins et nos intérêts qui s'identifient avec les vôtres. Veuillez vous employer à faire triompher dans les conseils du Gouvernement où vous avez une place si autorisée, nos légitimes revendications et, par avance : Merci !

Messieurs,

Au nom de la Ville d'Avranches, je vous invite à lever vos verres avec moi en l'honneur de Monsieur Bienvenu-Martin, Ministre de l'Instruction publique, des Beaux-Arts et des Cultes.

Je bois au Gouvernement Républicain.

Je bois à vous tous.

Vive la République !

Un vibrant cri de *Vive la République !* et une triple salve d'applaudissements saluent les dernières paroles de ce discours qui a été fréquemment interrompu d'applaudissements et des cris de : *Vive Chevrel ! Vive le Maire ! A bas Jourdan ! A bas la calotte !*

DISCOURS DE M. BASIRE

Monsieur le Ministre,

C'est un honneur et un plaisir pour moi de vous adresser tout d'abord, tant en mon nom qu'au nom de mes compatriotes, nos sentiments de reconnaissance, à vous, qui avez bien voulu venir dans cette Ville d'Avranches représenter le Gouvernement de la République et donner à nos fêtes un si grand éclat.

L'accueil bienveillant et sympathique qui vous a été réservé, vous est une preuve du plaisir que vous avez fait à la Ville d'Avranches et au pays tout entier.

Permettez-moi tout particulièrement de vous remercier, au nom de nos populations rurales, d'avoir bien voulu venir poser la première pierre de notre tramway.

Ce tramway, attendu depuis si longtemps et si impatiemment, est d'un intérêt primordial pour nos villes, pour nos plages et surtout pour nos campagnes, qui trouveront, de ce fait, des débouchés certains et plus faciles pour leurs produits agricoles.

Ici, en effet, Monsieur le Ministre, vous êtes dans un centre d'exploitation et d'élevage des plus importants.

Dans quelques instants, vous, qui vous intéressez à l'agriculture, vous allez vous rendre compte, en visitant notre concours, des résultats obtenus par nos cultivateurs en ce qui touche nos différentes races d'animaux, et vous apprécierez plus facilement leurs efforts constants vers le progrès, quand vous saurez qu'ici, pays de petite culture, c'est non pas l'argent qui a donné ces résultats comme dans certains pays de grande culture, mais bien l'intelligence, les soins assidus et la sélection dans chaque race.

Dans l'Avranchin, tout le monde travaille, chef de maison, femme, enfant ; l'émulation règne en maîtresse, chacun veut surpasser ce qui lui est supérieur, d'où les résultats que vous pourrez constater.

Je regrette qu'il ne vous soit pas donné, aujourd'hui, de visiter nos chevaux anglo-normands. Cette race, propre à la selle aussi bien qu'à l'attelage, a fait, nous pouvons le dire avec orgueil, l'admiration des délégués des Gouvernements étrangers à l'Exposition de 1900.

Vous aurez une idée de l'importance de la production chevaline de notre arrondissement, lorsque vous saurez qu'il comprend plus de 6,000 poulinières.

En revanche, Monsieur le Ministre, vous pourrez examiner, notre race bovine normande, éminemment laitière et beurrière, et joignant à ces qualités celle de donner une viande particulièrement estimée des bouchers parisiens.

En effet, c'est par milliers que nos bœufs partent des foires d'Avranches et de La Haye-Pesnel, pour ne citer que celles-là.

Je n'oublierai pas de vous parler de notre race ovine du littoral de la Manche, qui fournit ces prés-salés, dont la réputation est universellement connue.

Vous verrez donc, Monsieur le Ministre, combien notre élevage est intéressant et combien ceux qui s'y adonnent doivent être encouragés.

Aussi me permettrai-je, tout en constatant ce que le Gouvernement de la République a fait et fait tous les jours pour nos agriculteurs, de vous signaler le préjudice qui leur a été causé par la loi qui a supprimé le privilège des bouilleurs de cru, et je vous prierai d'être notre interprète auprès de votre collègue, Monsieur le Ministre des Finances, pour en atténuer les rigueurs.

Triple salves d'applaudissements et cris répétés de *Vive Basire ! Vive notre Sénateur !*

DISCOURS DE M. BRIENS

Je remercie tout d'abord le Maire d'Avranches de l'aimable et gracieuse invitation qu'il m'a faite ; je lui en suis doublement reconnaissant, parce qu'il m'a ainsi fourni l'occasion de venir avec vous et au milieu de vous acclamer l'excellent Ministre de l'Instruction publique ; vos acclamations se sont mêlées et se mêlent encore aux nôtres pour lui faire fête, et ce sentiment est devenu tellement général, s'est tellement répandu autour de lui que, durant les heures trop courtes, mais déjà longues, qu'il a déjà passées dans la ville d'Avranches, pas une phrase discordante ne s'est élevée. (*Applaudissements.*)

Cela vous prouve ceci, c'est que vous êtes venu, Monsieur le Ministre, dans un département républicain. (*Interruptions*).

Il n'est pas possible, après une journée comme celle-ci, après l'accueil si unanime qui est fait au Ministre, il n'est pas possible, dis-je, de dire que M. le Ministre n'est pas venu dans un département républicain. (*Nouvelles interruptions. — On entend : ce n'est pas le département qui est républicain, c'est Avranches.*)

La République ne s'est pas implantée aussi facilement qu'on peut le croire dans le département de la Manche, et si nous sommes arrivés à un résultat semblable, c'est par l'union intime de tous les membres du parti républicain, et c'est, Messieurs, parce que cette union nous a été si profitable que je souhaite encore qu'elle se maintienne toujours pour le plus grand profit de la République, que nous aimons tous.

L'arbre planté a pris racine ; il se reproduit si bien qu'à cette heure il n'y a bientôt plus aucun jardin où l'on ne veuille cultiver l'arbre; mais, pour le cultiver avec profit, il faut rechercher les meilleurs moyens de culture. Il fallait les rechercher dans la nécessité absolue d'instruire le peuple et c'est pourquoi l'instruction laïque du peuple a été, est et restera toujours la préoccupation d'un Gouvernement vraiment républicain. Le peuple instruit, c'est l'avenir assuré, c'est la terre fécondée, prête à recevoir la bonne semence pour la faire germer.

Le peuple instruit, c'est le progrès dans l'égalité, dans la fraternité.

C'est pourquoi, Messieurs, nous acclamons ici de tout cœur le représentant d'un Gouvernement dont tout le programme se rencontre dans cette vivifiante inspiration et que je lève mon verre en l'honneur du Ministère qui sait que l'avenir n'appartient pas à qui reste stationnaire, à qui piétine sur place, que l'avenir appartient à qui va de l'avant, toujours de l'avant, ardemment, résolument, pour le service exclusif de la démocratie, dont le peuple est la vraie personnification, et je lève mon verre en criant : Vive la République !

Les dernières paroles de M. Briens sont très applaudies.

DISCOURS
DE M. CABART-DANNEVILLE

Messieurs,

Je remercie Monsieur le maire d'Avranches et Messieurs les conseillers municipaux de la gracieuse invitation qu'ils m'ont fait l'honneur de m'adresser et qui m'a donné l'occasion de venir saluer avec vous la présence, dans notre département, d'un représentant du Gouvernement de la République, ce régime si cher à nos cœurs et qui m'a permis d'assister à ces fêtes dont les phases réunies comme les fleurs d'un bouquet sont chacune l'apanage d'un Ministère différent Le Collège et l'Ecole des jeunes filles sont dans les attributions de M. le Ministre de l'Instruction publique ; le concours agricole est dans celles de celui de l'Agriculture ; l'hospice ressort du Ministre de l'Intérieur, de même que la caisse d'épargne ressort du Ministre des Finances (*Interruption ; non du Ministère du Commerce*); le centenaire du général Valhubert dépend du Ministre de la Guerre et la pose de la première pierre de la passerelle du chemin de fer de la Manche appartient au Ministre des Travaux publics. (*Interruptions*).

On crie : il aurait fallu alors faire venir le cabinet tout entier... (*Rires*).

L'orateur demande aux auditeurs de le laisser continuer.

Monsieur le Maire et Messieurs les Conseillers municipaux, vous avez voulu incarner dans la seule personne de M. le Ministre de l'Instruction publique le Gouvernement de la République tout entier, permettez-moi d'ajouter une pierre à votre édifice en disant quelques mots des affaires étrangères, du commerce et de la marine.

Il ne manquera alors, pour représenter le Gouvernement tout entier, que les postes et les télégraphes, sur le service desquels nous pourrions cependant signaler au Ministre bien des défectuosités.

En venant poser la première pierre de la passerelle du chemin de fer, vous avez, Monsieur le Ministre, montré tout l'intérêt que vous attachez à ces moyens de communication ; vous savez et nos populations éclairées savent combien les routes, les chemins de fer, les canaux, les voies fluviales, navigation maritime servent les intérêts des populations ; c'est pour cela que nos populations demandent depuis bien longtemps le dédoublement de la voie ferrée, qui, passant par Avranches et regagnant Granville, relie nos deux ports de guerre de Cherbourg et de Brest. Quel accroissement de richesses et quelle augmentation de trafic présenterait ce doublement des voies, mais quelle sécurité aussi pour la défense nationale !

Il ne faut pas se dissimuler, en effet, que partout des questions brûlantes sont à l'ordre du jour. La paix conclue entre la Russie et le Japon a irrité les deux parties contractantes et a accru la haine de la race jaune contre la blanche.

Le traité anglo japonais et la situation ultra-amicale de l'Amérique pour l'Angleterre méritent également toute notre attention ; la question pendante du Maroc, si menaçante encore, peut amener, malgré l'habileté et l'énergie de M. le Président du Conseil, la rupture, soit avec l'Allemagne, qui temporise, de façon à accroître son matériel d'artillerie, soit avec l'Angleterre, qui est plus pressée d'en finir avec sa rivale ; enfin, dans le lointain, on aperçoit une succession d'intrigues qui, avec leurs conséquences douanières et maritimes, seraient également menaçantes pour nous.

Nous avons, à deux reprises déjà, été pris au dépourvu. En 1897, au moment de Fashoda, nous avons dépensé des sommes énormes (*Interruptions*). Mais c'est nous qui les payons... Des sommes énormes, 80 millions et 12 millions à peine, ont été utilisées effectivement ; il ne faudrait pas se laisser surprendre encore, et pour la marine nous allons avoir des dépenses à payer ; il vaut mieux tout préparer d'avance et prendre ses précautions pour éviter de payer plus que si on s'était préparé d'avance, d'une façon régulière.

J'appelle donc l'attention du Ministre de l'Instruction publique, qui a fait partie avec moi de la commission extra-parlementaire de la marine et qui se rappelle que les deux points qui nous ont ému tout d'abord ont été la défense de nos côtes et la défense de nos colonies.

Je lève mon verre au succès des négociations entreprises par le Président du Conseil du Gouvernement de la République ; je souhaite également qu'elles aboutissent à l'honneur de la France et sans rupture avec nos voisins.

Je bois également au doublement de la voie ferrée.

L'impression causée par l'orateur a plutôt été défavorable ; l'on se demandait ce que toute cette politique étrangère venait faire dans ce banquet. Seules les dernières paroles de M. Cabart-Danneville, relatives au doublement de la voie ferrée, ont été applaudies.

DISCOURS DE M. RIOTTEAU

Monsieur le Ministre,

La venue d'un Ministre dans un département est toujours un événement heureux et important.

Cet événement permet au Gouvernement de se rendre compte, sans intermédiaires, des sentiments des populations auxquelles il s'adresse, et celles-ci peuvent plus facilement faire connaître leurs aspirations et les mesures qu'elles voudraient voir prendre pour la défense de leurs intérêts.

Par les acclamations qui vous ont accueilli sur tout le parcours de la cité d'Avranches, vous avez pu vous convaincre de l'attachement de nos populations à la République.

Cette adhésion, pour ainsi dire unanime, a d'autant plus de force qu'elle est le résultat d'une conviction raisonnée.

C'est petit à petit que nous avons convaincu les esprits et conquis les âmes à la République ; mais soyez sûr, Monsieur le Ministre, que cette conquête est définitive, car si le Normand n'aime pas à s'avancer à la légère, il aime encore moins à faire un pas en arrière.

Vous pouvez donc assurer le Gouvernement que vous représentez que la République peut compter sur nous pour la défendre s'il en était besoin.

Nous voyons dans la République un régime de paix, de liberté et de justice, où le peuple peut faire entendre sa voix, qui finit toujours par se faire écouter dans ses revendications justifiées.

Nos populations savent gré au Gouvernement de la République de cette paix dont ils jouissent depuis son avènement il y a trente-cinq ans.

Elles en demandent le maintien qui nous est nécessaire pour supporter les lourdes charges que nous imposent la sécurité de notre pays, les lois d'assistance et de solidarité que nous voulons de plus en plus justes et humaines et le développement d'une civilisation dans lequel nous ne voulons nous laisser devancer par personne. Partisans de l'entente cordiale qui a resserré les relations amicales de notre pays avec la nation voisine, nous serions heureux de les voir devenir plus intimes encore, par l'abandon de l'interdiction de l'entrée de notre bétail vivant dans le Royaume-Uni. Pour nous, les règles d'hygiène invoquées à l'appui de cette interdiction ne sont pas justifiées et nous paraissent être plutôt le résultat d'une combinaison douanière que les conclusions d'une science encore mal définie.

Enfin, si nous comprenons que le Gouvernement cherche à réprimer la fraude, surtout celle qui porte atteinte à la bonne gestion des finances, nous désirons que les mesures de répression ne soient pas des mesures draconiennes et nous espérons que la loi des boissons, déjà amendée une première fois, recevra encore des adoucissements qui nous permettront de tirer un parti raisonnable de nos récoltes agricoles.

Dans le trajet, à notre gré trop rapide, que vous allez faire dans notre beau et cher département, vous pourrez remarquer l'importance de nos troupeaux de l'espèce bovine et chevaline.

Nous devons ce développement de richesses, aussi précieuses pour la France que pour nous-mêmes, aux sages mesures de compensation de nos charges, qui permettent à nos cultivateurs de lutter sans trop de désavantage contre nos rivaux des deux continents.

Nous craindrions de voir cette prospérité disparaître à bref délai si la main tutélaire de nos gouvernants venait à cesser de nous soutenir.

Voilà, Monsieur le Ministre, les principaux vœux de nos populations agricoles ; peut-être vous paraîtront-ils plutôt du domaine de vos collègues de l'agriculture et des finances. Nous comptons néanmoins sur votre bienveillance pour les mettre sous les yeux du ministère en vertu de cette solidarité ministérielle qui est l'essence des gouvernements parlementaires.

Il est un dernier vœu qui s'adresse plus particulièrement au Ministre de l'instruction publique : Nous demandons au Gouvernement de la République, qui a tant fait pour l'instruction, de compléter son œuvre en développant dans nos écoles l'enseignement agricole et industriel.

Il faut à notre pays former rapidement ses travailleurs et les rendre le plus tôt possible capables et habiles, pour nous permettre de lutter avec avantage contre la concurrence de plus en plus redoutable de nos rivaux étrangers.

Voilà, Monsieur le Ministre, à traits rapidement esquissés, les principaux désirs de nos laborieuses populations agricoles.

Nous comptons sur votre bienveillance, qui nous est connue, pour en reporter l'écho au Gouvernement que vous représentez, et, vous remerciant d'avance de votre appui bienveillant, je lève mon verre en votre honneur et en celui de vos collègues à la tête du Gouvernement de la République.

M. Riotteau ne fait plus appel, comme dimanche dernier, à la division entre républicains : l'accueil, plutôt froid, que ses paroles avaient recueilli dans cette occasion, l'ont rendu un peu plus circonspect. En est-il plus sincère ?

Ce qu'il y a à retenir, c'est que certaines interruptions, assez vives, ont accueilli ses premières paroles, et que seules, l'appel à l'union entre les républicains et à la bienveillance du Ministre, en faveur de l'Instruction, ont été applaudies.

DISCOURS DE M. MOREL

Il me reste, Messieurs, peu de choses à ajouter, et cependant, en ma qualité de président du Conseil général de la Manche, je crois de mon devoir de remercier Monsieur le Ministre de l'honneur qu'il nous a fait en venant rehausser de sa présence les fêtes d'Avranches. Faisant trêve à ses occupations multiples, le Ministre n'a pas craint de venir parmi nous, afin de montrer combien le Gouvernement attache d'importance à ces manifestations, qui n'ont d'autre but que l'intérêt public ; vous avez voulu nous montrer, en commençant par l'hôpital d'Avranches, que l'Assistance publique est au premier rang des questions qui intéressent le Gouvernement actuel. Ainsi que vous l'a fait remarquer le Maire d'Avranches, d'ici peu de jours, l'hôpital-hospice, grâce au concours du pari-mutuel, sera pourvu de nouveaux bâtiments et aussi grâce à un généreux donateur, pourra augmenter le bien-être de ses hospitalisés.

Après avoir visité l'hospice, vous avez bien voulu venir poser la première pierre du tramway destiné à relier Avranches à Granville ; je regrette que vos instants ne vous aient pas permis de venir faire le trajet le long de la côte que doit desservir ce tramway local.

Vous avez ensuite inauguré le Collège des Filles. Je n'ai rien à ajouter aux paroles qui ont été prononcées à cette occasion.

Applaudissements.

DISCOURS DU MINISTRE

M. Bienvenu - Martin se lève et les convives lui font une chaude ovation.

Mes chers Concitoyens,

Je serais véritablement un ingrat si je ne remerciais du fond du cœur d'abord les convives de ce banquet démocratique qui m'ont fait un accueil si cordial et aussi la population d'Avranches, qui m'a manifesté ses sentiments avec une chaleur que je qualifierais, en pensant à la région d'où votre excellent Préfet est originaire, toute méridionale... *(Applaudissements)*.

J'avais cru jusqu'à présent que les Normands, qui ont la réputation d'être très avisés, était une population froide... *(Rires ; interruptions)*.

Avranches proteste avec éclat contre une pareille opinion... Chacune de nos régions a son tempérament particulier, mais en venant ici, j'ai constaté, une fois de plus, que, quand il s'agit de certaines questions, quand il s'agit de manifester son adhésion à la République, qui est à la fois le Gouvernement légal du pays et la représentation de ce que nous aimons, tous les cœurs de Français battent à l'unisson avec la même vigueur. *(Applaudissements)*.

J'ai vu aujourd'hui la République acclamée, dans la personne d'un de ses plus modestes serviteurs, avec une unanimité qui m'a touché. *(Applaudissements)*.

Les fêtes qui nous réunissent aujourd'hui témoignent de la fidélité de vos sentiments démocratiques ; elles font honneur à la Municipalité de cette ville, qui a su les organiser avec beaucoup d'art, et à la population qui a donné son concours presque unanime pour la décoration de vos rues (*Applaudissements*).

Tout à l'heure, quand M. Chevrel, votre maire, s'est levé, une longue acclamation l'a salué, et j'ai vu dans l'explosion de vos sentiments de sympathie, la preuve qu'il avait bien rempli son mandat et qu'il défendait vos intérêts à la fois politiques, économiques et locaux avec un dévouement qui n'a d'égal que celui de ses collaborateurs du Conseil municipal d'Avranches. (*Applaudissements; longues acclamations*).

Et je suis heureux d'adresser aux administrateurs de cette Ville, l'expression de la gratitude du Gouvernement républicain (*Nouveaux applaudissements*).

Messieurs,

Cette fête est véritablement complète; ainsi que le rappelait, il y a quelques instants, le Président du Conseil général, nous avons commencé par la visite de l'Hospice, c'est-à-dire par un témoignage d'intérêt à l'humanité souffrante; nous avons ensuite inauguré le Collège des Filles; nous avons inauguré ce beau travail de la Passerelle, qui atteste à la fois l'habileté des ingénieurs et le souci que vos mandataires au Conseil général ont du développement de vos intérêts agricoles et industriels. (*Applaudissements*).

Nous allons continuer l'exécution du programme; il est un peu chargé, Monsieur le Maire! mais je ne m'en plains pas! (*Rires*) par une visite au Concours agricole; nous irons ensuite à l'Ecole des Filles, pour montrer, une fois de plus, toute la place que tient, dans une société républicaine et démocratique, l'instruction du peuple. (*Applaudissements répétés*).

Enfin nous irons saluer cette vieille gloire de nos armées de la Révolution, Valhubert, qui était à la fois un bon patriote et un ferme républicain (*Applaudissements*), et je rappellerai, en passant, que ce héros de nos guerres de la Révolution a été d'abord envoyé aux armées par les suffrages de ses concitoyens d'Avranches (*Applaudissements*).

Vous voyez, Messieurs, que, dans cette journée, nous aurons célébré la prévoyance, la solidarité, l'instruction laïque et enfin le patriotisme, c'est-à-dire toutes les grandes et nobles causes qui font battre le cœur des républicains (*Applaudissements prolongés*), et nous avons ainsi en raccourci, dans cette ville, l'œuvre dont nous nous efforçons, au Gouvernement, d'assurer le développement.

Mes chers Concitoyens, l'heure nous presse et je suis forcé d'abréger un peu. J'aurais eu plaisir à causer longuement avec vous des questions qui vous intéressent. Il y a d'abord les questions locales, et un Gouvernement digne de ce nom n'a pas le droit de les négliger, car rien de ce qui peut contribuer au bien-être des populations ne doit lui demeurer indifférent. Les questions qui ont été agitées tout à l'heure et qui touchent de si près à votre vie économique, ont été traitées avec une compétence qui me dispense d'y revenir. Tout ce que je puis dire, c'est que, bien que quelques-unes d'entre-elles ne soient pas dans le domaine de mes attributions particulières, j'ai retenu avec une attention soutenue l'expression des vœux qui ont été manifestés et je m'en ferai l'écho dans les conseils du Gouvernement.

Sur ces questions, vous êtes unanimes ; j'espère que vous ne l'êtes pas moins sur les questions qui touchent à la politique générale. Le membre du Gouvernement qui a le très grand honneur d'être reçu aujourd'hui avec une sympathie si chaude par la ville d'Avranches appartient à un Cabinet qui n'a d'autre souci et d'autre ambition que de servir avec dévouement et fidélité les intérêts démocratiques (*Applaudissements*).

En ce qui me concerne, j'ai assumé une double tâche que je m'efforce de mener à bien et qui consiste, d'une part, à développer cet enseignement à tous les degrés, cet enseignement laïque qui est la base indestructible sur laquelle nous entendons asseoir nos institutions républicaines (*Applaudissements.*) Nous voulons que de tous nos établissements d'instruction sortent des générations imbues du sentiment patriotique, imbues aussi de cet esprit d'affranchissement sans laquelle il n'est pas de peuples indépendants. (*Applaudissements.*)

Oh ! nous rencontrons bien des résistances ! Ces résistances ne sont pas faites pour diminuer notre ardeur. J'ajoute que les résultats obtenus nous récompensent bien au-delà de ce que nous pouvions espérer de nos efforts.

L'enseignement que nous entendons donner est un enseignement respectueux de la liberté de conscience ; oui, nous sommes des défenseurs de la liberté ; nous la défendons contre tous, même contre ceux qui la revendiquent pour la supprimer demain ! (*Applaudissements ; longues acclamations.*)

Messieurs,

Comme le disait tout à l'heure un de mes collègues du Parlement, c'est une œuvre à laquelle le département de la Manche voudra tenir à honneur de s'associer, lui aussi, et je souhaite que l'exemple qui a été donné par la Ville d'Avranches, qui est aussi donné par la Ville de Coutances, où nous irons demain inaugurer un autre Collège de jeunes filles, gagne les autres villes du Département, car ce n'est pas assez que de donner l'instruction laïque aux garçons, il faut étendre les bienfaits de cette éducation aux jeunes filles qui, elles aussi, doivent nous apporter un jour leur collaboration, pour la défense de la République.

L'autre partie de notre tâche est de travailler à poursuivre cette grande réforme de la sécularisation de l'Etat et nous l'avons fait, quoiqu'on en ait dit, avec un esprit de libéralisme que quelques-uns ont peut être trouvé excessif, mais que nous ne regrettons pas, car il est la condition nécessaire du succès.

Mes chers Concitoyens, ce que nous avons fait au Parlement, nous n'avons pu le réaliser que grâce à l'accord des fractions du parti républicain, qui sont désireuses, comme on le disait tout à l'heure, d'aller en avant et non pas de revenir en arrière.

C'est cette union qui nous a permis d'accomplir quelques réformes et qui nous permettra d'en réaliser d'autres. L'union est nécessaire, l'union entre tous ceux qui veulent faire de la République un Gouvernement véritablement démocratique.

Cette union, qui nous a donné de si beaux résultats dans le passé, est le gage de victoires futures et vous me permettrez, après avoir remercié une fois de plus la Municipalité d'Avranches et la population Avranchinaise, pour la belle fête républicaine à laquelle elle nous a conviés aujourd'hui, de boire, en terminant, à l'union des républicains dans ce Département pour le progrès démocratique (*Applaudissements.*)

Vive le Ministre ! *Vive la République* ! tels sont les cris que soulèvent les derniéres paroles du Ministre. La musique de l'Ecole d'artillerie, qui donne un magnifique concert pendant le banquet, joue *La Marselllaise* ; les convives, debout, entonnent ce chant patriotique.

M. le Ministre fait ensuite l'appel des distinctions honorifiques suivantes :

Officiers de l'Instruction Publique

MM. Dalimier et Denolle, professeurs au Collège d'Avranches.

Officiers d'Académie

M. Flambard, professeur au Collège d'Avranches.

M. Fenouillière, adjoint au maire.

M. Poisnel, Conseiller municipal, Président de la Jeunesse avranchinaise.

M. Morand, maire de Donville.

M. Hamel, Ingénieur des Chemins de fer de la Manche.

M. Blondel, directeur de l'Ecole de Saint-James.

M. Gombert, secrétaire de la Mairie d'Avranches.

M. Lurienne, publiciste à Granville.

M. Perrotte, Conseiller municipal d'Avranches.

M. Lemasle, Secrétaire de la Sous-Préfecture.

Chevaliers du Mérite agricole

M. Datin, Louis, cultivateur au Val Saint-Père.

M. Gond, Maire de St-Pierre-Langers.

Médaille du Travail

Mme Adam.

M. Jorand, Prote à l'imprimerie du *Nouvelliste.*

M. Josse, contre-maître chez M. Richard, entrepreneur

AU JARDIN DES PLANTES

Le Ministre, accompagné de presque tous les convives, se rend ensuite au jardin des Plantes, d'où il admire le magnifique panorama de la baie du Mont Saint-Michel. Il félicite le conservateur des soins qu'il apporte à la bonne tenue de ce splendide jardin.

AU CONCOURS AGRICOLE

M. Bienvenu-Martin, accompagné de MM. Morel et Riotteau, présidents, Basire, vice-président, est reçu à l'entrée du concours par MM. Desdouitils, vice-président, Letréguilly, secrétaire, Desgranges, vice-trésorier, et des membres des divers Jurys ; il attache le ruban du Mérite Agricole à la boutonnière de M. Louis Datin ; visite ensuite les diverses catégories des animaux exposés, félicite les éleveurs et remonte en voiture pour se rendre à

L'ECOLE LAIQUE DE FILLES

Le Ministre est reçu par la Directrice, Mademoiselle Ollivier, entourée de ses maîtresses et des élèves de l'Ecole, dont l'une d'elles, Mademoiselle Laurent, en lui remettant une magnifique gerbe de fleurs, lui adresse le compliment suivant :

Monsieur le Ministre,

Je viens, au nom de mes maîtresses et de mes compagnes, vous remercier de la bienveillante attention que vous daignez nous accorder.

Le souvenir de votre visite restera vivant dans nos esprits et nous encouragera au travail.

Nous essayerons, Monsieur le Ministre, de devenir par nos efforts constants, dignes de la République qui, de jour en jour, s'impose de nouveaux sacrifices pour assurer à ses enfants une instruction gratuite et laïque.

Recevez, Monsieur le Ministre, avec ces quelques fleurs, l'assurance de nos très profonds et très respectueux sentiments de reconnaissance.

Les quatre nouvelles classes et le préau sont visités, puis le cortège reprend sa marche vers

LA CAISSE D'ÉPARGNE

Tout le monde se rend compte de l'aspect grandiose qu'aura ce monument, dont les travaux sont poussés avec une extrême activité par M. Richard, entrepreneur, auquel le Ministre va, dans quelques instants, remettre les palmes d'Officier d'Académie.

A l'arrivée du Ministre, une gerbe de fleurs lui est offerte par Mlle Richard.

Une estrade a été construite sur les poutrelles du rez-de-chaussée ; le cortège y prend place et M. Chevrel prononce le discours suivant :

Monsieur le Ministre,

En scellant aujourd'hui la pierre qui conservera pour les générations à venir le souvenir de cette imposante cérémonie, vous honorez une vertu éminemment française : l'Economie.

Nulle part ailleurs dans notre belle Patrie, elle ne trouve mieux son application que dans cette région avranchinaise où les habitants, ruraux et citadins, sont des travailleurs infatigables et tenaces.

Attachés à la République, ils le sont aussi à leur bien, amassé sou à sou, par un labeur de chaque jour qui contribue pour sa part à la fortune publique.

Messieurs,

La Caisse d'Epargne et de Prévoyance d'Avranches, autorisée le 7 août 1836, s'ouvrit le 6 novembre de la même année. Son action n'est pas limitée à notre Ville ; elle s'étend pour ainsi dire sur tout l'arrondissement ; car, en dehors de Granville qui a une caisse particulière, elle rayonne dans tout le reste de la circonscription, par sa succursale très prospère de Villedieu, qui compte nombre de déposants dans la partie des arrondissements de Coutances, de Saint-Lo et de Mortain, contiguë à l'arrondissement d'Avranches.

L'éclosion des Caisses d'Epargne remonte en France à 1829, alors qu'une ordonnance du 3 juin les autorisa à confier leurs fonds au Trésor public ; puis vint la loi de 1835 les assimilant à des établissements publics, et leur donnant ainsi une garantie de sécurité susceptible d'inspirer confiance à ceux qui ne veulent pas laisser improductives, dans le fameux bas de laine, leurs économies et qui désirent au contraire les faire fructifier dans leur propre intérêt, et au grand profit de tous.

Ce mouvement de prévoyance n'était-il pas le prélude, le signe avant-coureur, si je puis dire, de celui de Fraternité, qui va emporter le XXe siècle vers un idéal plus large de solidarité humaine ?

Des hommes imbus de ces principes d'économie, notables d'Avranches et des environs — auxquels, en passant, vous me permettrez d'adresser un souvenir de reconnaissance — comprirent que l'élan qui entraînait la France vers la constitution des Caisses d'Epargne et de prévoyance, devait trouver un écho dans une contrée où les habitudes d'ordre et de travail ont constitué un important et solide patrimoine.

La Caisse d'Epargne d'Avranches fut donc fondée. Ses débuts furent modestes ; son fonds de dotation n'était que de 4,170 fr. Mais elle a bien prospéré depuis.

Après 69 ans d'existence, elle est arrivée à avoir 13,697 déposants possédant ensemble 6,589,648 fr. 07.

Quant à sa fortune personnelle, elle s'élève à 487,153 fr. 28. Je cite les chiffres du dernier exercice connu 1904. Ceux de 1905 font espérer une augmentation nouvelle des différents comptes.

Il ne faut pas croire que cette grande prospérité, malgré le zèle dévoué des directeurs et employés, a été acquise sans efforts, sans hostilités, sans heurts ; non, Messieurs, car les œuvres les plus utiles, les plus indispensables, ont toujours eu leurs détracteurs.

La Caisse d'Epargne d'Avranches a subi comme toutes les autres, en France, le contre-coup des campagnes abominables, menées en 1893 et en 1902 par les partis de réaction contre la fortune publique. Singulière manifestation de leur patriotisme ! mais tout ce qui peut rendre la France prospère, puissante et riche, n'est-il pas toujours de leur part, dans leur haine de la République, l'objet d'attaques aussi malveillantes qu'injustifiées ? Ne les avons-nous pas vus engageant nos déposants à retirer leurs fonds de la Caisse d'Epargne pour les faire passer, ou à l'étranger, ou dans la caisse de certain établissement privé, qu'une catastrophe retentissante et récente a signalé à l'attention de tous? Puissent nos laborieuses populations de l'Avranchin apprendre par là le danger que coureraient leurs économies si elles se laissaient tenter ou circonvenir par les conseils intéressés des nationalistes de notre région !

L'importance de notre Caisse d'Epargne, qui augmente chaque année, l'obligation pour son Conseil de Direction d'assurer la sécurité des fonds confiés à sa garde, la fortune considérable de notre œuvre exigeaient que les services trop étroitement installés dans les locaux actuels de l'Hôtel de Ville, fussent élargis et transportés dans un immeuble digne de la confiance que nous devons inspirer.

Le 29 février 1903, sur notre proposition, il fut décidé en Assemblée générale des Directeurs qu'un Hôtel spécial, dont les frais de construction seraient prélevés sur la fortune personnelle de notre établissement, serait édifié sur un emplacement convenablement situé dans notre jolie cité. Ce monument bien conçu, exécuté avec soin, sera aménagé l'an prochain. Il abritera alors convenablement nos services ; il sera pour les déposants une preuve manifeste de la prospérité de notre œuvre.

Monsieur le Ministre,

Votre présence à cette cérémonie nous est un gage de la sollicitude du Gouvernement de la République. Au nom du Conseil des Directeurs de la Caisse d'Epargne d'Avranches, et au nom de tous nos déposants, je vous en exprime mes bien sincères remerciements.

M. Chevrel offre à M. le Ministre, au nom du Conseil de Direction, un magnifique vase avec plateau en cuivre repoussé, et le prie de bien vouloir signer le procès-verbal, dont il donne lecture, de la pose de la première pierre.

Le procès-verbal signé, est déposé dans une boîte en plomb renfermée elle-même dans une cassette en bois qui est placée dans une cavité, creusée dans une des premières assises de la porte d'entrée. Cette cavité est bouchée par une plaque de marbre, que le Ministre recouvre à l'aide d'une truelle argentée et enrubannée de rubans tricolores, d'une couche de mortier, et assure d'un coup d'un marteau également enrubanné.

Tous les Membres du Conseil des Directeurs, les Administrateurs-Adjoints, M. Tétrel, directeur de la Succursale de Villedieu ; les personnes faisant partie du cortège, l'entrepreneur et les ouvriers, signent un double de ce procès-verbal, qui sera conservé dans les archives de la Caisse d'Epargne.

Le cortège reprend sa marche, se dirigeant vers le Jardin de l'Evêché, où va avoir lieu la dernière cérémonie du programme.

LE CENTENAIRE DE VALHUBERT

Une foule immense se presse dans les rues, sur la place Littré et dans le Jardin de l'Evèché ; c'est à peine si l'escorte et le cortège peuvent se frayer un passage jusqu'à la tribune réservée au Ministre, à droite de la statue de Valhubert, décorée de panoplies, de faisceaux de drapeaux, d'écussons, d'arbustes et de fleurs forment un tapis odorent aux pieds du général.

Les Sociétés des ***Vétérans***, des ***Combattants de*** 1870-71, des ***Mobiles*** et ***Mobilisés de*** 1870 sont massés à gauche de la statue; les sapeurs-pompiers, les dragons et les gendarmes se rangent en face.

Le spectacle est vraiment grandiose.

A ce moment, Madame Chevrel, au bras du Président de la Jeunesse Avranchinaise, monte à la tribune ministérielle et M. Bienvenu-Martin, après l'avoir félicitée du dévouement dont elle a fait preuve dans les œuvres scolaires et dans les fêtes républicaines, lui attache sur la poitrine le ruban violet d'Officier d'Académie.

M. Chevrel, maire, prononce le magnifique discours suivant :

Monsieur le Ministre,
Messieurs,

Lorsque le Conseil municipal de la Ville d'Avranches accepta en 1828, l'offre gracieuse que lui faisait l'Etat d'ériger sur l'une de ses places publiques la statue du général Roger Valhubert, il avait pour but, ainsi que le relate une des délibérations de l'époque « de rappeler constamment aux habitants de la Ville et de la contrée les vertus et les grandes qualités d'un enfant du pays ».

Roger Valhubert naquit en effet à Avranches le 23 octobre 1764. Il reçut de sa famille une instruction solide et « il est certain qu'il se serait fait un jour un nom dans les sciences, si son goût pour les armes ne l'eût sans cesse ramené à s'occuper plus particulièrement de tout ce qui pouvait un jour le faire briller à la guerre. »

Lorsqu'éclata la Révolution de 1789, lorsque le mouvement populaire jeta bas l'ancien régime et fit rayonner sur la France les idées nouvelles, Roger Valhubert séduit, enthousiasmé par elles, prit part aux acclamations que souleva la prise de la Bastille. C'était l'avènement des temps nouveaux qui devaient transformer la face du monde.

En 92, la Patrie est en danger, les ennemis de la France la menacent de tous côtés, partout retentit l'appel aux armes : Roger Valhubert n'écoute que son devoir : il est des premiers à s'enrôler pour défendre son pays. Ses concitoyens l'élisent capitaine du 1er régiment de la Manche.

Dirigé aussitôt avec ses hommes sur Lille, qui est assaillie par les Autrichiens, il s'illustre dans ce siège mémorable. Discipliné, valeureux, énergique il porte rapidement l'instruction militaire de son bataillon à un degré tel, qu'il sert d'exemple aux autres troupes chargées de défendre avec lui cette grande et importante place de guerre. Au combat de Pellinberg, qui suit la levée du siège, il se met encore en valeur et enlève à la baïonnette la position formidable où s'étaient retranchés les Autrichiens. Un rapport du général en chef, adressé à la Convention Nationale sur un fait d'armes aussi remarquable, aussi frappant « fit décider « que 600 hommes de recrues volontaires « seraient immédiatement dirigées sur ce « corps que le commandant Roger-Valhu- « bert avait rendu invincible ».

Voilà, Messieurs, quel était déjà, à peine âgé de 30 ans, ce vaillant soldat qui devait se distinguer sur tant de champs de bataille.

Fait prisonnier, lorsque la place du Quesnoy, réduite à un état de ruine complète, tomba entre les mains de l'ennemi, Roger Valhubert fut emmené en captivité à Budapest. Il y resta deux ans enfermé dans des casemates.

Rendu à la liberté au commencement de l'an 3, il est, avec le 1er bataillon de la Manche, incorporé dans la 28e demi-brigade dont il devient le chef le 24 fructidor, an V, et prend part, en cette qualité à la 2e campagne d'Italie, où il trouve facilement occasion d'y mettre en relief ses qualités maîtresses de tacticien et de manœuvrier remarquable.

Le 28 thermidor an VII, il enlève le Simplon. Le 17 prairial an 8, au passage du Pô, il est dans la première barque avec quelques soldats ; son exemple contribue largement au succès de la journée. A la bataille de Broni, il est cerné par cent Autrichiens ; à celle de Montebello, il s'attire ces belles paroles du maréchal Lannes: « Vous avez « étonné l'armée; l'ennemi tremble encore ».

A Marengo la 28e demi-brigade se fait encore remarquer par son attitude héroïque et devient la base de l'élan offensif sous lequel tombe l'ennemi. Les vaillants soldats sont formés en un carré inexpuguable contre lequel sept heures durant viennent se briser les escadrons autrichiens. Valhubert est blessé dès les premières heures du jour : il n'en reste pas moins fidèle à son poste jusqu'à la nuit tombante ; il n'accepte les secours des chirurgiens que quand la bataille est gagnée. Il s'illustre ensuite au passage du Mincio et au combat de Pozolo.

Une si belle conduite, de si éminents services méritaient une récompense. Le premier Consul décerne à Valhubert un sabre et un brevet d'honneur et joint à cet envoi une somme de 10,000 fr. Valhubert accepte avec reconnaissance et s'empresse de constituer avec l'argent une caisse de réserve qui devint la caisse des veuves et des orphelins de la 28e demi-brigade.

Nommé général de brigade le 11 fructidor an XI, il est attaché au camp de Boulogne, fameux rassemblement maritime et militaire qui, dans l'esprit de Napoléon devait frapper l'Angleterre d'un coup mortel. Puis, la guerre avec l'empereur d'Allemagne allant commencer, il se dirige vers le Rhin, qu'il passe en avant de Spire, à la tête de sa brigade composée des 64e et 88e régiments de ligne.

Dès lors, la marche de la grande armée que commande Napoléon en personne, est rapide. Les victoires succèdent aux victoires; Valhubert contribue par son courage à la prise du plateau de Keysersberg ; il enlève le pont de Vienne, s'empare du grand parc d'artillerie de l'ennemi qui comprend 100 bouches à feu, marche ainsi de succès en succès jusqu'à la bataille mémorable d'Austerlitz.

Le soleil dissipa en ce jour de décembre le brouillard d'hiver et se montra radieux — dit l'histoire. — Il salua une victoire qui compte dans les annales de la Patrie, mais, hélas ! il éclaira aussi 7,000 hommes couchés sur le champ de bataille ! Parmi eux figurait le brave général Valhubert. Il avait eu le côté gauche fracassé par un éclat d'obus. Malgré tous les soins qui lui furent prodigués, il succomba le 5 décembre 1805.

Ainsi se terminait, Messieurs, cette existence tout entière consacrée au service de la Patrie. Valhubert avait été non-seulement un soldat remarquable, un valeureux capitaine, un tacticien de premier ordre, mais encore un bon chef, écouté, aimé de ses soldats, ne voulant connaître d'autre règle de conduite que la satisfaction du devoir accompli.

Vous avez pensé comme nous, Monsieur le Ministre, qu'il était bon de rappeler à tous, à nos enfants en particulier, que l'amour de la Patrie est une vertu qui domine toutes les autres et vous avez voulu honorer de votre présence cette cérémonie commémorative : Au nom de la ville d'Avranches, je vous en remercie respectueusement.

On vit beaucoup par le souvenir. Evoquons ensemble le passé pour en tirer une règle de conduite dans l'avenir.

Ce monument élevé à Valhubert, ainsi que celui élevé par le « Souvenir Français » sur le roc qui domine ce jardin, à la gloire des enfants d'Avranches morts pour la Patrie, rediront aux générations qui viennent à la vie que le Patriotisme est une vertu nationale, qui n'est l'apanage d'aucun parti.

Français, nous sommes unis dans une pensée commune de reconnaissance et de dévouement pour la Mère Patrie. Nous ferions tous pour elle, s'il en était besoin, le sacrifice de notre vie et de nos intérêts.

« L'amour de la Patrie est *un* — disait excellemment votre honorable collègue, M. Berteaux, à l'inauguration récente du monument commémoratif de St-Dizier — il a été, il est, il sera ».

Monsieur le Ministre,

Nous pensons absolument de la même façon ici, à Avranches. Nous sommes aussi éloignés des utopies internationalistes et sacrilèges qui tendraient à laisser la France sans défense, que de ce patriotisme de commande et de mauvais aloi, affiché bruyamment par certaines gens qui, dans l'espèce, voudraient mettre au service de leurs rancunes et de leur haine contre la République et la Démocratie, un sentiment qui doit dominer toutes nos luttes et toutes nos divisions. Le patriotisme qui se complaît dans l'humiliation d'autrui n'est qu'un médiocre patriotisme.

J'ajoute que, dans ce coin de Normandie, nous honorons au même titre tous ceux qui se sont illustrés, que ce soit dans l'art militaire, dans les Lettres, les Sciences ou dans la Politique. Nous saluons du même souvenir les Valhubert, les Littré, les Challemel-Lacour : ce sont nos gloires locales. Elle contribuent pour leur part à augmenter le patrimoine d'honneur de la France. Nous en sommes fiers, parce que nous avons le culte du beau des belles actions, le respect de tout ce qui est grand.

Monsieur le Ministre,
Messieurs,

Honneur à jamais à l'ancien volontaire de 92, soldat des armées de la première République.

Honneur au brave général Valhubert glorieusement tombé au service de la Patrie !

Il est 4 h. 1/2, le soleil, radieux jusqu'à ce moment, se couvre de nuages épais ; la pluie commence à tomber. Aux accents de *La Marseillaise*, exécutée par la musique municipale et la musique de l'Ecole d'Artillerie, a lieu, devant la statue du général, le défilé des gendarmes, des dragons, des sapeurs-pompiers et des Sociétés militaires.

LE DÉPART

Cette fois, c'est fini ; après avoir fait une promenade dans la Fête foraine, le Ministre et tous les invités remontent en voiture et le cortège se dirige vers la gare, où a lieu la dislocation.

M. le Ministre et les personnes qui l'accompagnent restent dans les salles d'attente en attendant le départ du train ministériel qui s'ébranle exactement à 5 h. 32.

De la foule qui se presse autour du train, des cris répétés de *Vive le Ministre* ! *Vive la République* ! saluent M. Bienvenu-Martin,

LA CONCLUSION

De cette journée mémorable, nous avons retiré la conviction intime, plus que justifiée par les acclamations qui ont salué le Ministre et par l'accueil enthousiaste qu'il a rencontré sur son passage, des sentiments nettement républicains et anti-cléricaux de la presqu'unanimité des habitants de notre Cité.

Nous avons aussi constaté la popularité incontestable de M. Chevrel ; c'est pourquoi nous terminerons ce compte-rendu par :

VIVE CHEVREL !

Tandis que les drapeaux claquaient au vent, que les fanfares lançaient leurs notes joyeuses et que, sous des guirlandes de fleurs, un Ministre républicain, précédé du scintillement des casques de dragons, faisait son entrée dans la Ville d'Avranches, frénétiquement salué par une foule enthousiaste, un cri s'élevait de tous les cœurs, que des centaines de bouches lançaient et répétaient : *Vive, Vive Chevrel !*

Sur tout le parcours, à l'aller comme au retour, ce cri dominait la foule ; au banquet, plus fort que les applaudissements, ce vivat, lancé par 400 poitrines, ratifiait les éloges mérités que le Ministre adressait à notre premier élu et lorsque lui, à son tour, s'est levé pour remercier, au nom de la Ville d'Avranches, le Ministre de sa visite, il a dû attendre plusieurs minutes avant de pouvoir se faire entendre, tant l'enthousiasme était grand, émotionnant, et tant se répétait le cri de *Vive Chevrel !*

Et aujourd'hui que la fête est finie, nous avons le droit de féliciter les commerçants, les ouvriers, les patrons, les électeurs qui, accordant un sourire de pitié et un haussement d'épaules aux porteurs de fausses nouvelles, aux accusateurs bêtes et méchants,

aux réactionnaires en fureur, ont tranquillement tressé des guirlandes, planté des mâts, arboré des drapeaux, voulant contribuer, chacun pour sa part, à l'éclat de cette fête inoubliable.

Vous l'a-t on assez dit, Avranchinais, que le Ministre ne viendrait pas, que la fête serait manquée, le banquet impossible, les habitants partis ? A-t-on assez menacé, crié, critiqué, pour vous empêcher de travailler aux préparatifs, et le pape Jourdan n'est-il pas, en personne, descendu de son Vatican pour colporter, chez les peureux et les naïfs, le bruit absurde que le Maire dépensait en fêtes les fonds destinés au tramway ?

A qui les événements ont-ils donné raison?

La fête a été grandiose ; des quatre coins de l'arrondissement, on est venu en foule, la réaction a subitement remis en poche les sifflets et les soufflets, et si le pape, la veille, travaillait avec elle à tout gâter, le jour même, le ciel était avec nous et avait attaché au haut de sa voûte son étincelant ballon rouge.

Voilà, Messieurs de l'*Avranchin*, de l'*Opinion*, et autres insulteurs publics, ce que les Avranchinais ont pu constater et si les ouvriers ont fait bonnes semaines, si le commerce a été pendant ces fêtes si florissant, si la Ville a reçu tant de visiteurs qui ne peuvent encore qu'augmenter sa prospérité, tout cela est dû à celui que les électeurs ont eu l'intelligence de placer à leur tête ; c'est pourquoi tous criaient : *Vive Chevrel !*

Vive Chevrel, cela vous écorche les oreilles, Messieurs les réactionnaires, vous qui, tous les dimanches, déversez vos eaux puantes et vos pelletées de crottin sur le parti républicain et sur celui qui en est le chef, mais cela vous montre combien peu portent vos attaques de jaloux, d'envieux, de déçus. Les électeurs voient bien que votre cri à la profanation n'est qu'un prétexte, et que votre pudeur, qui ne s'alarme pas lorsque des jeunes filles se promènent en chemise dans l'ancienne chapelle des frères, s'effarouche immédiatement, lorsque, dans l'ancienne chapelle des ursulines, se mêle le cri de *Vive Chevrel* à celui de *Vive la République.*

Soyez donc effarouchés, consternés, anéantis, car ce cri de *Vive Chevrel* n'était pas seulement, on le sentait et chacun le répétait, une acclamation reconnaissante, l'expression d'un remerciement, il était plus encore, il était l'explosion d'un sentiment populaire, d'une volonté, d'une force qui plaçait celui auquel il s'adressait plus haut encore sur l'échelle électorale.

De nombreux républicains de tous les cantons, réunis dimanche, acclamaient ainsi l'homme qui, demain, si devient vacante la place de député de l'arrondissement, sera le porte-drapeau de la démocratie, le candidat incontesté de l'union de tous les républicains, l'homme qui, par les hautes situations qu'il a occupées jusqu'à ce jour, par les nombreuses relations qu'il s'est faites, par son dévouement, par son intelligence et par sa compétence, rendra les plus grands services à notre beau pays de l'Avranchin.

Allons, Messieurs les réactionnaires, fourbissez vos scalpels, préparez vos fausses nouvelles, ouvrez votre boîte à mensonges et votre étui à fiel, lancez vos excommunications, mais habituez vous à ce vivat, désormais le cri de ralliement de tous les républicains de l'arrondissement, à cette *vox populi*, qui clamait dimanche : *Vive, Vive Chevrel !*

« *Nouvelliste* » *du 7 Octobre 1905.*